ルーベンです、私はどこで生きればよいのでしょうか？

無国籍で12ヵ国を彷徨い、未来を求めた難民の記録

小田川綾音

西田書店

プロローグ

２０１8年10月24日午前11時過ぎ、東京高等裁判所。控訴審の第1回口頭弁論期日。裁判長は「それでは、意見陳述をどうぞ。脚が痛むようだったら、座りながらで大丈夫ですよ」と促した。トロシアン・ルーベンさんは「だいじょうぶ、だいじょうぶ」と言って、立ったまま話し始めた。

私には、国籍がありません
仕事にアクセスすることができません
医療にアクセスすることもできません
結婚しようと思っても、結婚することも家族を作ることもできません
いろいろな国で、何度も国籍を得ようと努力しました
それでも、私は国籍を得ることができませんでした

私は家を追い出され、家を失いました
一晩中、路上にいなければなりませんでした
ひどい状況でした
今は、シェルターを提供してもらっています
私には行く場所がありません
どこにも私を受け入れてくれる国がありません
安全に過ごせる場所がありません
この状況で、私はどうやって生き延びたらいいのでしょうか?
私はどこで生きればよいのでしょうか?
私はただ、安心して安全に暮らせる場所が欲しいだけです
どうか私に生きるための場所を与えてください

(2018年10月24日、東京高等裁判所控訴審第1回口頭弁論におけるトロシアン・ルーベンさんの意見陳述より)

ルーベンです、私はどこで生きればよいのでしょうか？

——無国籍で12ヵ国を彷徨い、未来を求めた難民の記録

目次

プロローグ

第1章　ルーベンさん、来日 11
入国して新潟ロシア村へ 11／東京入国管理局新潟出張所へ 16／品川にある東京入管へ、難民申請 22／難民支援団体の事務所へ 27／新宿でのホームレス生活 30／横浜市内のシェルターへ入居 33

第2章　ルーベンさんの生い立ちと境遇 35
旧ソ連下グルジアで出生 35／子ども時代 37／旧ソ連時代の兵役体験 38／民族間の確執と劣悪な労働環境 39／グルジアの独立と旧ソ連の崩壊 43／一人取り残され、迫る生命の危険 44／警察官による強奪事件 46

第3章　欧州放浪の旅 48
トビリシから逃げ出してロシアの父親のもとへ 48／住民登録できず、モスクワの母親のもとへ 50／再び父親のもとから叔母を頼りにウクライナへ 54／叔母と別れ、ポーランドへ 55／労働搾取 56／苦難の連続、ポーランド・ドイツの国境越え 57／ドイツ入国、仕事から始める 60／ドイツでの収容、難民申請 62

／難民不認定、フランスへ　64／国籍の壁、フランス外国人部隊にも志願できず　66／難民申請の困難　68／カナダを目指し、国境に阻まれる　70／スペインへ、3都市での難民申請　71／スペイン3都市での厳しい生活　72／生活できず、ノルウェーへ　73／民族差別を逃れ、アイルランドへ　75／居場所を求めてイギリスへ　78／私と写真　80／絶望した不服申し立て手続　82／可能性にかけて再びスペイン、フィンランドへ　86／イギリスへの強制送還　87／サバイバル仲間との再会　91／長姉からのロシア国籍取得の提案　92／ロシア総領事館での見えない壁　93／ロシア大統領に宛てた手紙　95／ロシア国籍が取得できない　98／アジアへ希望を抱き日本へ　100

第4章　日本での難民申請手続　101
難民申請手続のインタビューが始まる　101／不法入国の疑いで退去強制手続が始まる　103／錯綜する国籍国の認定　109／難民不認定処分　111／再度難民としての異議申立て　113／難民審査参与員との不毛な議論　114／異議申立て棄却決定　118

第5章　ルーベンさんと出会うまで　121
交換留学先のアメリカで、9・11事件に遭遇　121／興味を持ったフォト・ジャーーナリズム　124／渡邉彰悟弁護士との出会い　125／人生を左右したキンマウンラさん事件　128／「100%あなたたちを守る」　131／ロースクールの国際人権クリニックで　135／国際人権クリニックを通じた支援体験　137／無国籍者の支援へ　140／ルーベンさんとの出会い　141／無国籍研究会の立ち上げ　144

第6章　再会、そして裁判へ

147

2015年、年明けの電話　147／困窮したルーベンさんとの再会　149／一度は断る　153／再び路上生活に　154／JARスタッフのブライアンさんからの電話　156／3度目の面談で受任　158／先輩弁護士の協力を得る　159／弁護士費用は日弁連から　159／グルジア情勢の調査と入管記録の確認　161

第7章　一審での審理

166

2015年7月、第1回口頭弁論　166／なかなか勝訴できない行政訴訟　168／裁判上の主張と反論の攻防　170／ルーベンさん入院　173／入管職員の証人申請等の却下　177／本人尋問　180／反対尋問　186／裁判長からの補充質問　193／2018年7月、一審敗訴　195

第8章　控訴審での審理　199
控訴、保護費が打ち切られホームレスに　199／民間支援でシェルターへ入居　202／２０１８年10月24日、ドタバタの第1回口頭弁論　204／様々な人からの協力　205／安心して暮らせる場所を求めて　208／代理人としての意見陳述　211／第２回口頭弁論〈裁判所からの新たな宿題〉　216／有志によるルーベン弁護団結成　218／移動距離約２万４０７４km、地球半周以上　219／第３回口頭弁論〈ジョージアは受け入れ可能なのか〉　220／第４回口頭弁論〈一貫した国の法廷戦術〉　224／第５回口頭弁論〈終局に向かう審理〉　227／第６回口頭弁論〈審理の終結〉　228

第9章　はじまりの判決　231
体調不良　231／勝訴の兆し　232／慌てて記者会見を準備　234／２０２０年1月29日、はじまりの判決　237／喜びの共有　241／詳細な事実認定　243／生計の基盤を破壊する生存権侵害も「迫害」　247／「トラウマ体験の記憶」を踏まえた迫害の恐怖の判断　248／地球上で行き場を失うことは明白であった　250／本人参加の記者会見　254／今日は2回目の誕生日　257

エピローグ
あとがき

ルーベンさんが放浪した国々

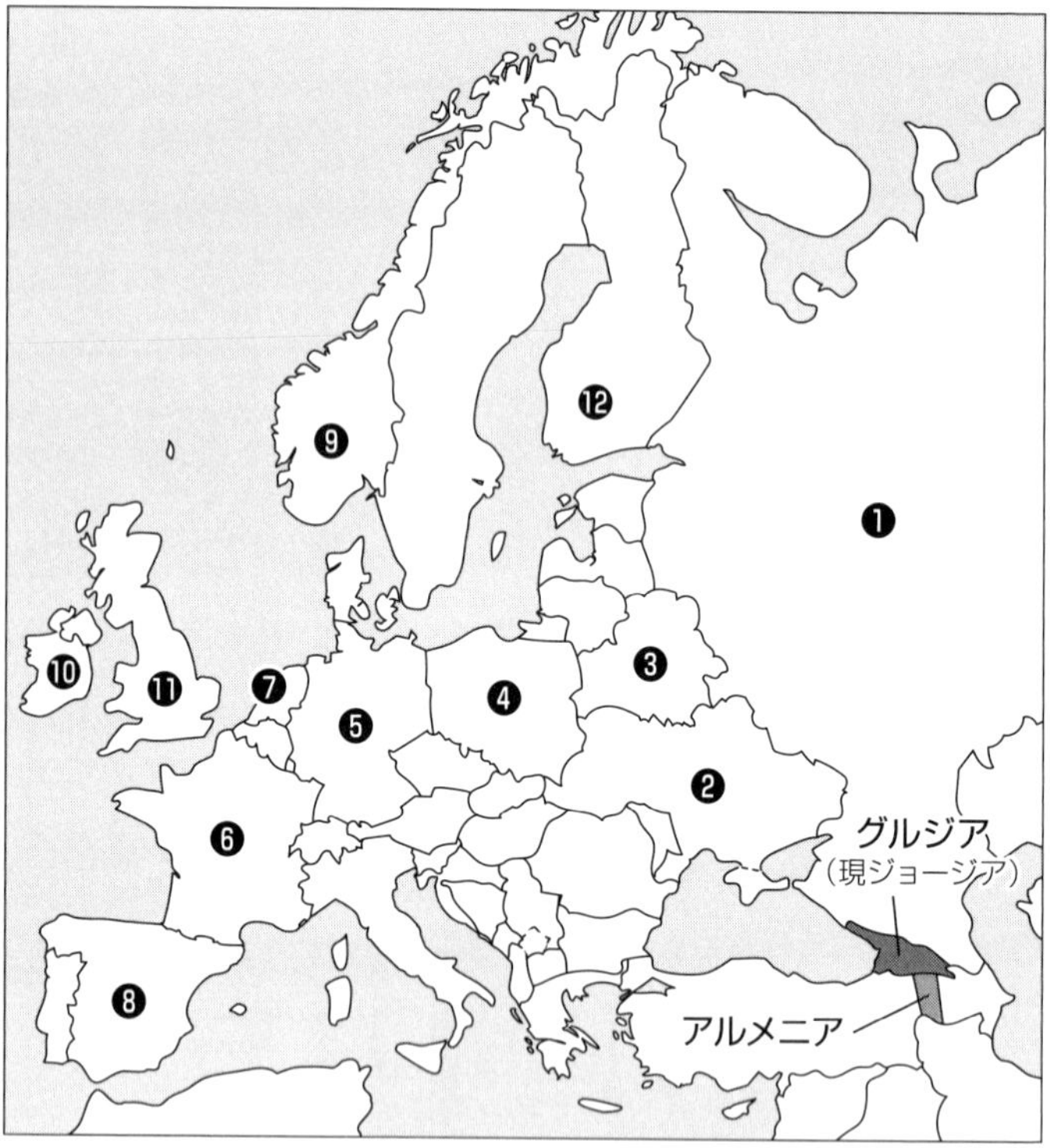

東京高裁判決の事実認定に基づく
「朝日新聞」2020年6月24日記事を参考に作成

グルジア	❺ ドイツ	❿ アイルランド
❶ ロシア	❻ フランス	⓫ イギリス
❷ ウクライナ	❼ オランダ	⓬ フィンランド
❸ ベラルーシ	❽ スペイン	
❹ ポーランド	❾ ノルウェー	

ルーベンさんの移動の軌跡

本書第3章より摘記。

1993年（25歳）
グルジア（現ジョージア・トビリシ）
⬇バス
南オセチア（ツヒンヴァリ）
⬇徒歩・バス・車
ロシア・北オセチア（ウラジカフカス）
⬇鉄道
ロシア（ウスチ＝ラビンスク⇄モスクワ）
⬇鉄道
ウクライナ（マキイフカ→キーウ）
⬇鉄道
ベラルーシ（ミンスク→ブレスト）
⬇鉄道

1993年頃（25歳）
ポーランド
（ワルシャワ→コジリツェ→シュチェチン→ズゴジェレツ→刑務所→ポラユフ）
⬇4回目に川を渡り、徒歩で国境越え

1994年頃（26歳）
ドイツ
（ツィッタウ→ドレスデン→フランクフルト→ザールブリュッケン→収容施設→ゲストハウス→ミンデン→ザールブリュッケン）
⬇鉄道

1996年頃（28歳）
フランス（パリ）
⬇鉄道
ドイツ（ザールブリュッケン）
⬇鉄道
フランス（メッス→パリ→マルセイユ）
⬇飛行機　カナダを目指したが
オランダで拘束・収容
オランダ（アムステルダム）
⬇飛行機　強制送還

フランス（マルセイユ）
⬇鉄道・徒歩

1998年頃（30歳）
スペイン
（バルセロナ→身柄拘束→マドリード→バルセロナ→バレンシア）
⬇飛行機
ノルウェー（オスロ→難民キャンプ→メローカー）
⬇飛行機

1999年頃（31歳）
アイルランド
（ダブリン⇄ゴールウェイ）
⬇バス・船

2000年頃（32歳）
イギリス（ロンドン）
⬇飛行機

2005年頃（37歳）
スペイン（マドリード）
⬇飛行機
フィンランド
（ヘルシンキ→移送センター）
⬇飛行機　強制送還

2006年頃（38歳）
イギリス
（ヒースロー空港収容→ポーツマス退去強制センター→ロンドン）
⬇飛行機

2010年頃（42歳）
日本（成田空港→新潟ロシア村→東京）

◆8カ国で難民申請するも保護を受けられず
◆各都市での求職は無国籍で正規の残留許可がないため、搾取労働以外果たせず

謝辞

あなたの人生体験をわたしに共有し、書籍を通して伝えることを承諾してくださった
トロシアン・ルーベンさんに、心からの感謝と敬意を表します。

第1章　ルーベンさん、来日

入国して新潟ロシア村へ

トロシアン・ルーベンさん（当時42歳）は、２０１０年5月のある朝、成田空港に到着した。初めて訪れる日本。イギリス・ロンドンのヒースロー空港からウィーンを経由し、渡航は１日がかりだった。

ルーベンさんは、ソビエト社会主義共和国連邦（旧ソ連）の構成国の一つであるグルジア・ソビエト社会主義共和国（現在の呼称はジョージア）の出身だ。しかし、旧ソ連崩壊による政治的混乱のさなかに身の危険を伴う過酷な体験をして、やむを得ず、安全に生活できる場所を求めて出国。政治的混乱の影響で無国籍となり、各国を放浪する中で、イギリスから日本へとやって来た。ルーベンさんが日本入国時に使った旅券の国籍国はスペイン、名義は「アンドレス」。無国籍ゆえ国境を越えるためには、偽造旅券を使うしか術がなく、ロンドンでブローカーから取得したものだった。

上陸のための審査を受ける時、カウンターの上から見下ろす入管職員には不審な眼差しを向けられた。その場に緊迫感が漂い、入管職員から日本語で問いかけられた。何を聞かれているのかよくわからず返事に困っていると、別室に連れて行かれた。別室に着くと、新たに別の職員とスペイン語の通訳人が加わり通訳を通して「どこに泊まるのか？　何しに来たのか？」と矢継ぎ早に質問された。

ルーベンさんはスペイン語で「泊まる場所は決めていません。自分は単なる観光客です。1週間滞在して帰国する予定です」と答えた。このとき「私は難民です。難民として認めてもらうために日本に来ました」と真実を述べれば、これまでの経験からトラブルになるであろうことは察していたので、あえて伝えなかった。

30分ほどスペイン語でやり取りが続き、一通りの質疑応答が終わったところで、上陸を許された。スペイン語は、放浪の旅の中で身に着けたもので、それが役に立った。第一関門である入管審査を通過し、短期滞在90日間の在留資格が付与された。税関を通過してから、すぐに手持ちのユーロ貨幣を日本円に両替した。上陸審査では怪しまれたが、カメラにギター、バックパック、スーツケースを持っている姿と雰囲気は、成田空港のインターナショナルな雰囲気の中では個性的な一人の外国人でしかなかった。

ロンドンを出る時から日本での最初の行き先は新潟県にある「新潟ロシア村」に決まっていた。新潟ロシア村は１９９３年に開園したロシアをテーマにしたテーマパークで、２００４年には閉園していた。しかし、閉園後も敷地内には開園当時の施設等がそのまま手付かずで放置されて廃墟となっていた。ルーベンさんは、欧州各国や来日前に過ごしたイギリスでの生活に限界を感じて、難民として受け入れてもらえる可能性のあるアジアの国を探していた。そして、日本で難民申請ができること、日本には新潟ロシア村が廃墟として実在することを知った。フランスやイギリスでは、廃墟を住処にしていた経験があったので、難民申請をすれば、しばらくの間は新潟ロシア村で生活できるのではないかと考え、日本を目的地として選択したのだった。

　成田空港の到着ロビーで都内行のバスのチケットを購入し、東京へ向かった。都内に着く頃には、昼過ぎになっていた。ルーベンさんは、バス停にいた係員に「にいがた、いきたい。いちばんやすい、なんですか？」と覚えたての日本語で尋ねた。ロンドンで、新潟ロシア村に住もうと決めてからは、日本語を独学で勉強して準備してきた。ルーベンさんの日本語のイントネーションは係員に通じ、親切に「新潟に行く一番安い方法は夜行バスですよ」と教えてくれた。夜行バス乗り場は、到着したバス降り場から歩いて少し離れた先にあった。

　その後、夜行バスの出発時刻まで、バス停周辺で時間をつぶした。深夜近く出発時刻になると、新潟駅行の高速バスに乗り込み、席に座ると程なく浅い眠りについた。

　早朝、夜行バスは新潟駅のバスターミナルに静かに滑り込むように停車した。バス停に降り立つと、心の中で「ようやくここまできたか」とつぶやいた。

新潟ロシア村は新潟県阿賀野市笹神村にある。阿賀野市は五頭《ごず》連峰に見守られた美しい穀倉地帯で、阿賀野川が流れる豊かな新潟平野には水田が広がる。新潟駅から阿賀野市の中心地までは、約20キロの道のりだ。新潟駅から阿賀野市に向けてバスに乗り換え、東へ向かうこと約1時間。ルーベンさんが阿賀野市中心部でバスを降りると、そこには広々とした高い空に抱かれた山々と水田とコンビニがあった。

コンビニの店員に、持ち前の明るさで声をかけ、ロンドンから持ってきた地図も見せて、現在地と新潟ロシア村までの道のりを確認した。ここで、新潟ロシア村まではバスがないことを知り、ロンドンで事前に調べた情報と持参した地図を頼りに、徒歩で向かうことにした。初夏の5月、日中は歩くと汗ばむ陽気の中、ルーベンさんは荷物を持って歩き出した。

人家は少ないが、ガソリンスタンドもあり、水田にはトラクターで田んぼを耕す人がいた。道に迷うと出会った人に臆せず「ロシアむら、どこですか?」と尋ねた。そのうち、ロシア正教会の建物のドームの天井らしきものが視界に入ってきて、瞬時に目的地はもうすぐだと、胸が高鳴った。

建物のドームを目指し、車道から脇道に入って左右を森の茂みに囲まれた道を進んでいくと、その奥にゲートが現れた。既に閉園しているので、新潟ロシア村の標識などは何もなかった。しかし、ここが新潟ロシア村の入り口に間違いないと直感的に確信した。ゲートは横に広く、施錠されていたが、ようやく辿り着いた目的地を目の前にして、敷地内に入ることに戸惑いはなかった。

　ゲートの周りは草木が森のように茂っており、スーツケースを引きながらゲート脇の茂みに分け入り緩い坂道を上がっていくと、おとぎ話のような光景の世界が目の前に広がった。ロシア正教会の特徴的な玉ねぎ型のドームが備わった美しい建物を中心に、廃墟と化したホテルやレストランなどの施設も目に入ってきた。木々がうっそうとして、瓦礫もそこかしこにある。

ルーベンさんはフランスやイギリスでの経験から、先に生活している人がいないか探しながら歩いた。しかし園内に人影は見当たらない。出会ったのはマンモスのはく製だけだった。そして、廃墟と化したホテルに入ると、大きなベッドがある一室を発見し「今日の寝床はここにしよう」と思った。

　日が暮れて夜になると、雨が降り出した。日中の暑さが嘘のように気温が下

▲新潟県阿賀野市笹神村にあったロシア村に至る道。ルーベンさんは徒歩でここに向かった。（著者撮影）

▼1993年にオープンし、2004年に閉園した新潟ロシア村（栗原亨『新・廃墟の歩き方』二見書房刊より）

がっていく。衣服が冷たい雨に少し濡れてしまい、雨の冷たさが身体に染みた。電灯のない真っ暗闇のなか一人で過ごしていると、複数の人の声が聞こえてきた。音がする方に意識を向けて眺めていると、その人たちは、園内に残された品物を物色しているようだった。しばらくすると暗めの明かりが見えて、その明かりに照らされてピアノやテーブルなど園内に残された備品を運んで行く人の姿が見えた。瞬時に見つからないように息を潜めて身を固めたが、しばらくすると人影は去って行った。人の気配がなくなった後、寒さに体を小さくしながら浅い眠りについた。

東京入国管理局新潟出張所へ

ルーベンさんは、安全に生活できる居場所を求めて、日本に来るまでに8か国で難民申請をしてきた。しかし、いずれの国でも障壁があり、難民として認められなかった。

難民申請をすると、難民申請者として登録される。国によって難民申請者の待遇は様々だが、食料や住む場所、生活費を支給されることもあった。また、どの国にも国民として認められていない無国籍のルーベンさんにとって、難民申請者として登録され渡される文書は、同時にその国において今の自分が何者かを示す貴重な身分証明書にもなっていた。

来日前にインターネットで検索し、日本で難民申請を受け付ける機関は、地方入国管理局（現在は出入国在留管理庁が所管する地方出入国在留管理局）であることを知った。そして、新潟ロシア村から一番近いのは、東京入国管理局新潟出張所（現在は、東京出入国在留管理局新潟出張所）なので、そこで申請することを決めていた。一方日本で難民申請者がどのような支援を受けられるのかは事前に調べてもよくわからなかった。いずれにしても望んでいることは、日本で難民として認めてもらい、安全に生活できる居場所を得ることである。難民申請をしなければその道の扉は開かない。

新潟出張所は、新潟ロシア村から20キロ以上離れた新潟空港内にある。日本に到着して４日目の朝、新潟出張所へ向けて出発した。荷物は、置いていくことはできなかった。夜になると、備品を持ち出す人たちがいたからだ。荷物を全部持って、来た道を歩いて戻った。途中で疲れてきたのでショートカットをしようとすると、道に迷ってしまった。方向がわからないまま歩いていると、庭のある人家があった。そこに庭仕事をしているおじいさんがいたので、日本語で声をかけた。

「こんにちは、バスどこですか？」

声をかけられたおじいさんは、親切に説明してくれた。ところが、ルーベンさんにはその日本語がまったくわからなかった。

「ゆっくり、おねがいします」

立ち止まって、身振り手振りでも意思疎通を図るが、お互い言葉が通じない。そして、おじいさんは先におじいさんが説明を諦めて「ちょっと待ってなさい」と言った。そして、おじいさんは軽トラックを出してきて「乗っていきなさい」と言ってくれた。ルーベンさんは、その言葉の意味はわかった。そして、ルーベンさんと荷物を軽トラックに乗せて、バス停まで連れて行ってくれた。

「ありがとう」

バス停に着くと、ルーベンさんはお礼を言って車を降りた。おじいさんの親切心に触れて、もっと言葉がわかれば、もっといろんなことを話せたのにと思った。

阿賀野市のバス停からは、所持金を節約するために新潟駅の方角を目指して歩き始めた。30分ほど歩くと、後ろから黒い大きなランドローバーに乗った、30代中頃の日本人の男性に流暢なアメリカアクセントの英語で話しかけられた。車には男性の妻らしい女性と赤ちゃんも乗っていた。

「ハロー、どこまで行くの？」

「ハロー、新潟駅まで行きます」

ルーベンさんも英語で応答した。英語も放浪の旅で身に着けた言語のひとつである。

「新潟駅、それはずいぶん遠くまで行くんだね。どこから来たの？　乗っていきなよ。僕もそっちに向かっているから」

「いいです、いいです、歩いて行けますから。私は、ジョージアから来ました」

「ジョージア！　僕はアメリカで勉強して生活していたことがあるんだけど、ここは地元なの。アメリカでは、僕ヒッチハイクしたことがあるんだ。ちょうどそっちの方向に向かってるから、乗っていきなよ」

男性は、アメリカのジョージア州から来たと誤解したようだった。

「ああ、私は、アメリカのジョージアではなくて、ロシアとかアゼルバイジャンの近くの方のジョージアなんです」

「アゼルバイジャン…？　そうなんだね、まあ乗っていきなよ」

ルーベンさんは、この日本人家族の親切心にも助けられて車に乗せてもらい、スムーズに新潟駅までたどり着いた。

「ありがとう」

車に乗せてもらえて助かった。新潟駅から新潟空港までは約8キロ。住宅地が広がり、車の通行量は多い。ありがたいことに、新潟空港の標識は至るところにあって、案内に沿って歩き続けると、道に迷うことなく新潟空港に辿り着いた。

新潟空港のターミナルビルを過ぎて歩き続けると、空港敷地内の奥にひっそりと小さな建物があり、その2階に新潟出張所があった。建物内にエレベーターはなく、荷物を抱えて階段を上がり室内に入ると、受付カウンターがあった。5人も入れば窮屈に感じるほどのスペースで、待合席はなかった。カウンターには制服を着た入管の職員が立っていた。

ルーベンさんは要件を告げた。

「Refugee, asylum, おねがいします」

「レヒュジー？　アサイラム？　何言ってるんですか？　難民？　難民申請したいのですか？　ここでは難民申請なんてできないですよ。そもそも、あなたどこから来たんですか？」

「わたしジョージア、いまロシアむら」

「……ロシア村？　何言ってるんですか、嘘でしょう？」

職員は驚きを隠さずに言った。

しかし、もう一人の職員はロシア村を知っていたようだ。

「いや、ロシア村ってあるみたいですよ。もう閉まってますけど…」

「そうなの？　でも、ロシア村には住んじゃダメでしょう。それに、ここでは難民申請は無理です。するなら東京の入管に行ってくださいよ」

「No, No. Refugee おねがいします」

成田空港から東京を経由して遥々新潟まで来たのだから、東京に行けと言われても簡単には引き下がれない。片言の日本語と英語で交渉した。すると、新潟出張所の職員らはカウンターの奥で話し合い、本局である東京入国管理局に電話をかけた。新潟出張所では通常業務で難民申請を受け付けたことがなかったようで、前代未聞の出来事だったようだ。

新潟出張所の職員は、電話で東京入管の職員に事情を説明し、途中でルーベンさんも受話器を渡され、東京入管の職員からこう伝えられた。

「新潟では難民申請はできません。難民申請をしたいのならば、東京に来てください」つけ入るすきが全くないような言い方で、その話しぶりから、これ以上言ってもここでは受け付けてもらえないだろうと悟り、やむなく新潟での難民申請は諦めるしかなかった。新潟出張所の職員からは「今なら東京行きの夜行バスに間に合いますよ。駅で夜行バスに乗って、東京に行ってください」と言われ、東京入管への道のりを示した地図を渡された。

日本の難民申請手続では、住所地や現在地を管轄する地方入管に本人が出頭し、所定の書式の申請書に必要事項を記入して提出する。日本に来たばかりで住所がなくても、当人が実在している現在地を管轄する地方入管に行けば、申請できることになっている。少なくとも、難民申請手続を所管する法務省は、本局や支局だけでなく出張所であっても、難民申請を受け付けると説明している。ところが、難民申請の部署や難民調査官が不在の出張所では、当事者が「難民申請をしたい」と言っても門前払いされてしまう。すでに入国・上陸しているならば、難民調査部門が併設されている本局で申請することを促すのが実務のようだ。その実務運用の結果、東京へ行くように促されたのだった。

ルーベンさんは「せっかくここまで来たのに」と肩を落としたが、これまでの経験から難民申請をすることなしに、廃墟である新潟ロシア村に住み続けることはできないだろうと思い、やむなく新潟駅にひき返すため再び歩き始めた。新潟での滞在は思ったよりも短かく、難民申請をして新潟ロシア村で生活する計画は、たった3日で幕を閉じた。

品川にある東京入管へ、難民申請

ルーベンさんは新潟駅のバスターミナルで高速夜行バスに乗り、新潟を後にした。ここまでの疲れが出たのか、バスの車内ではぐっすりと眠ることができた。

翌朝、東京のバス降り場にたどり着いたが、両替した手持ち資金は交通費で殆どなくなっていた。新潟出張所でもらった地図を頼りに、東京入管まで歩いて行くしかなかった。5月の日差しは強く、荷物を引いて歩き始めると、すぐに汗ばんできた。東京の道路は人混みも多く入り組んでいて、ビルの谷間で地図を頼りに歩いていても、土地勘がないのですぐに道に迷ってしまう。迷うと、臆せず出会った人に「immigration どこですか?」と尋ねた。

ある人は「こっちだよ」と言い、その方角に向かって歩いた。しかし、道がわからなくなってまた別の人に道を尋ねると、元来た道を指して「あっちだよ」と言われる。東京入管までの道のりは定まらず、どれほど近づいたのかもわからなかった。

歩き疲れ、迷い込んだ公園で一息ついていると、通りを歩いていた人が目に入ったので道を尋ねることにした。白い日傘をさして白いグローブをつけ、白い洋服を着た女性で、年は20歳前後に見えた。

「すみません、immigration どこですか?」

その女性は戸惑いながらも、ルーベンさんに応じようとしてくれた。しかし、なかなか言葉が通じない。身振り手振りと片言の日本語と英語で意思疎通を試みる。女性は「immigration に行きたいなら、電車に乗ったらどうですか」とも言ったようだが、両替した日本円はほとんどバス代などに消えて、なくなりかけていた。遠くても電車には乗らずに歩いて行きたかった。

そんなやり取りをしていると、女性の方から「一緒に歩きます」と申し出てくれた。その女性が、大きな荷物を持って、電車にも乗らずに入管に行きたいと道に迷っている外国人のルーベンさんのことをどう思ったのかは想像がつかない。しかし、道に迷っている人を放っておけなくなったことだけは確かだろう。

ルーベンさんは「いいです、いいです」と断った。迷惑をかけたくなかったのだ。ところが、女性はニコッと微笑んで、爽やかに「大丈夫です。私、ちょうど散歩してましたから」と言い、ルーベンさんを促すように一緒に歩き出した。

こうしてルーベンさんは、新潟に次いで思いがけない善意に出会い、東京入管まで向かうことになった。女性は自分の携帯で道を調べてくれて、長い道のりを一緒に歩いてくれた。それでも道がわからなくなることもあり、通りすがりの人に道を尋ねたりもしながら、東京入管に向かった。

途中、女性が中年の男性に道を尋ねたとき、ギターやスーツケースを持った外国人男性と日傘をさした若い日本人女性の二人を、あからさまに怪しみ、不親切な態度を示された。それに対し、女性は「道に迷って困っているので、一緒に歩いているだけです」と毅然と言いきった。その対応から、ルーベンさんは心強い味方を得たように感じた。

東京入管は、品川駅港南口から都営バスに乗車すれば10分程の埋め立地の中にある日本で最も大きい入管施設であるが、向かう道すがら「東京入国管理局」を示す道路標識などの案内板は見当たらなかった。

女性のガイドに従って歩き続けていると、海を越えていく橋が見えてきた。橋を渡っている時、途中風が吹いてくると、ほのかに潮の香がした。海の中にそびえ立つ巨大な橋や、球体のついた現代的な建物が海に映える。そして、その先にゴツゴツとした大きな東京入管の建物が見えてきた。

朝から歩き始めて、どれほど時間が経ったことだろう。女性に付き添われて、なんとか東京入管までたどり着くことができた。時刻は気がつくと17時前になっていた。休憩を入れつつも、10時間以上は歩いたことになる。

建物内に入り、1階のインフォメーション窓口で「難民申請をしたい」と告げると、係員から3階に行くように言われた。係員は、女性にも日本語で説明してくれた。ここで、女性は、ルーベンさんが難民申請をするために歩いて東京入管を訪れたことをはじめて理解したようだった。女性は、エレベーターで3階にある難民調査部門まで付き添い、窓口の職員にルーベンさんが

「難民申請をしたい」と言っていることも説明してくれた。

受付時間は間もなく終了しようとしていたが、ロシア語で書かれた難民認定申請書を受け取り、その場で書いて提出するまで待ってもらうことができた。

目的地まで案内してくれた女性は、ルーベンさんの複雑な事情を察して、いくらかのお金を渡そうとしてくれた。しかし、ルーベンさんは受け取りを辞退した。東京入管まで長い距離を一緒に歩いて付き添ってもらい、お金まで受け取ることはできなかったのだ。そのかわりに、後でお礼の連絡をしようと思い、連絡先としてメールアドレスを教えてもらうことにした。そして、女性とはそこでお礼を伝えてお別れをした。

難民申請書は全部で9頁あった。氏名、生年月日、職業、国籍、出生地など基本的な身分事項と来日するまでの経歴のほか、21個の質問事項に答えなければならない。その日一日、新潟からの高速バスを降りて東京入管にたどり着くまで、道に迷いながら、長時間歩いてきたルーベンさんは疲れ果てていた。書類の項目を理解して記入する気力はなくなりかけてきていたが、頑張ってペンを走らせた。

ルーベンさんは、ロシア語で必要事項を記入していった。

出生地は「トビリシ」

国籍は「無国籍」

日本における住所・居所は「なし」

「迫害を受ける理由、根拠を具体的に書いて下さい」という質問には、旧ソ連・グルジアで暮らしていたアルメニア人であり、常に警察、検察からの侮辱、脅威にさらされていたこと、警察から銃を突きつけられてお金をまきあげられたこと、市民から殴打されたこと、仕事もできなかったことなどを書いた。ルーベンさんは、出身地であるグルジアを出てから、日本にたどり着くまで、多くの国を通過しており、そのことも時系列で説明を求められていた。申請書を書き終えるだけでも、一苦労であった。

途中で、受付の人には「待ってるから、早く書くように」と促された。急いで書き上げた申請書はなんとか受理され、受理番号が付されたA5サイズの1枚の受理票を渡された。入管の職員からは、今後の手続について簡単な説明を受けたが、日本語なので今ひとつ理解できない。難民申請者がサポートを受けられるという、公益財団法人アジア福祉教育財団・難民事業本部（RHQ）と認定NPO法人難民支援協会（JAR）の連絡先が書かれた紙を渡された。

一方で、入国するにあたって、偽造旅券を使用したことを正直に申告したので、不法入国の容疑がかけられた。難民調査部門では、難民申請者であっても退去強制事由に該当する疑いがあると、担当部門へ通報することになっている。ルーベンさんは、同じ建物内の6階にある退去強制手続を担う部門に行くよう指示された。

指定された場所に行くと、そこでもいろいろな質問を受け、しばらく待つように言われた。あまりにも長く待たされたので、他国での経験から収容されるかもしれないと不安を感じた。

しばらく待ち続けた後、職員から「この書類にサインして。そしたら行っていい」と言われた。ルーベンさんはそれが何の書類なのかはよくわからなかったが、説明を求める気力もなく、言われるままに書類にサインをした。そして「あと20分で夜の12時です。品川駅まで行きなさい。そこから電車に乗ればいい」と言われ、深夜、初めて訪れた東京の街中に放り出された。当然、泊まる場所の当てはなかった。それでも収容されるよりはマシかなと思った。

難民支援団体の事務所へ

東京入管を出ると、あたりは真っ暗で人通りも少ない。ひっそりとした道を品川駅に向かって歩き出した。仕方がなく入管で渡された紙に書いてあるＲＨＱのオフィスを目指して歩くことにした。ＲＨＱのオフィスは広尾にある。どれほど遠いのかよくわからなかったが、休み休み、暗い夜道を一人歩き続けた。朝になる前、大通り沿いにＲＨＱオフィスの入っている「アジア福祉教育財団」と表示されたレンガ造り風の建物を見つけることができた。オフィスが開くまで、近くの公園で仮眠した。

ＲＨＱは、日本政府から委託を受けて難民支援を行う組織として公益財団の中に置かれている。１９７５年にベトナム戦争が終結する前後、インドシナ各国では相次いで政変が起こり、ベトナム、ラオス、カンボジアから難民（インドシナ難民）が流出。日本政府がその受入れを決定した際、インドシナ難民の日本での定住を支援する組織として、１９７９年に設立された。その後、日本政府は１９８１年に難民条約に加入。難民認定手続が確立され、徐々に難民申請者も増えていく歴史の中で、ＲＨＱは、困窮している難民申請者に対して、保護費（生活費、住宅費、医療費）やシェルターを提供するようになった。保護費の支給だけではなく、難民認定を受けた難民や、２０１０年から開始されている第三国定住プログラムで受け入れられた難民（現在では補完的保護対象者も含む）に対して、日本語学習や定住支援、就労支援などのサポート事業も行っている。難民支援の組織のなかでは、唯一の公的団体である。

陽がのぼり、オフィスが開く時間を待って、ルーベンさんはＲＨＱを訪問した。建物内に入ると、ほかにも難民申請者らしき人々が待っていた。ルーベンさんは、飛び込みだったので、すぐに対応してもらえず、その場で待機した。しばらくすると、職員との面談が始まり、名前や出身地、来日経緯など簡単なヒアリングを受けた。難民申請をしたものの、住む家がなく困っていることなども伝えた。しかし、職員からは「今日は時間がないため対応ができない、改めて面談を設定するので約束の日時に来るように」と言われた。次回のアポイントメントを取り付けると、その場を去るよりほかなかった。

ＲＨＱを出ると、入管から案内されたもう一つの難民支援団体であるＪＡＲに向かった。

ＪＡＲは、１９９９年に設立された民間の難民支援ＮＧＯだ。個人や企業からの寄付金を主な資金源として組織を運営し、国連難民高等弁務官事務所（ＵＮＨＣＲ）のパートナー団体でもある。難民申請者に対する生活支援や法的支援、就労を含めた定住支援など日本に逃れてきた難民への包括的な支援に加え、政策提言や広報活動にも力を入れており、難民申請者の拠り所となっている。

ＪＡＲのオフィスは、当時は四ツ谷にあった。ＲＨＱのある広尾からＪＡＲのある四ツ谷までは、迷わなければ約5キロの道のり。しかし、ＪＡＲのオフィスは、すぐには見つけられなかった。何度か同じ場所を行ったり来たりしながら、ようやく入り口が奥まっているレンガ造り風の古い建物を見つけた。エレベーターで6階に上がるとそこがオフィスだった。

扉を開けると、カウンターの奥にたくさんのスタッフが席を並べて座っていた。ルーベンさんは、室内に入ると「こんにちは」と声をかけられた。奥に通されると、4〜5人が座れる待合スペースと数部屋の相談室があった。ＪＡＲにも、既に大勢の訪問客がいた。皆、難民申請者のようである。アフリカ系の人、アジア系の人、いろいろな人種の人がいる。

順番を待っている間に軽い食事が提供され、一息つくことができた。それから、相談室でカウンセリングを受けた。ルーベンさんはアルメニア民族で、出身国は旧ソ連のグルジアであること。グルジアでひどい目に遭い、国を出なければならなくなったこと。どの国の旅券も持っていないこと。日本に来る前はイギリスにいたこと。ヨーロッパを渡り歩いてきたこと。成田空港に着いてすぐに新潟に行ったが、東京に戻ってきて難民申請をしたこと。手持ちの所持金は、1000円、55ユーロ、55ポンド、1ドルであること。持病として甲状腺機能亢進症があるので治療を受けたいことなど、一通りの話を聞いてもらい、今、住む場所がないことも伝えた。しかし、その時点では、JARが運営するシェルターには空室がなく、宿泊先を提供することはできないという説明を受け、JARのスタッフから生活困窮者や難民申請者に支援を行っている他団体とその支援内容の情報がまとめられた書類を手渡された。「また必要があれば来てください」と言われ、JARのオフィスを後にした。

新宿でのホームレス生活

その後、その日の寝床を探すためにあてもなく道を歩いていると小さな寺を見つけ、境内に入って眠った。ところが、朝が近づくと人がやってきて「ここは寝るところではない」と追い出されてしまった。寺を出て歩き続けているうちに、大通りにぶつかった。ビルがひしめき合うように建ち並んでいる通りの先には繁華街が広がっていた。さらに歩いていくと新宿駅にたどり着いた。駅周辺の歩道は広いが、人通りが多く、すれ違い様ぶつかりそうになりながら歩いていると、西口の付近に、たくさんのホームレスがいる場所を見つけた。他国での経験から、ホームレスの人たちがいるなら、今日はここに泊まれるかもしれないと思った。新宿駅の西口の路上で寝床を見つけ一息ついていると、ホームレスの人達は、たくさんの荷物をもって新宿にたどり着いたルーベンさんに興味を示した。

「あなたアメリカ人？　アメリカからきたの？」

「No. No. スペイン、ツアリスト、ホームレス」

とっさに日本に来るときに使った偽造旅券の身分事項で、自分のことを説明した。

ホームレスの人たちは、ルーベンさんを新入りとして迎え入れ親切にしてくれた。どうやって段ボールを手に入れるのか、どこでゴハンが食べられるのか、電車の乗り方まで丁寧に教えてくれた。

「ジュジュ、朝ごはんはこっちだよ」

ホームレスの人たちは朝5時になると段ボールを片付けて、朝ごはんを食べに出かけるのが日常だった。いつの間にかルーベンさんはジュジュと呼ばれるようになり、ホームレスの人たちが気にかけてくれるようになっていた。

ある日、新宿駅近くにある韓国系の教会で朝ごはんの炊き出しがあったので、そこに連れて行ってもらい、出された食事をいただいた。食事の中にはキムチがあり、初めて食べる辛さに衝撃を受けた。

またあるときは「ジュジュ、今日は上野でごはんがあるよ」と、上野公園で炊き出しがあることを教えてもらい、ホームレスの人に連れられて、新宿から上野公園まで歩いて行った。生活のために必要な場所も教えてもらった。「ジュジュ、シャワーと洗濯できるところがあるよ」と言われ、無料でシャワーを浴び、洗濯もできる場所に連れて行ってもらった。その場所では、電車に乗る片道切符ももらうことができた。電車の乗り方を教わり、新宿から四ツ谷まで、初めてJR中央線に乗った。

約1カ月、新宿駅周辺で過ごした。そこで出会ったホームレスの人達の中には、イギリスに住んだことがある人もいた。彼らは、アルコールやギャンブルなどの問題を抱えていたが、親切に接してくれる人が多く、生の日本語を教えてくれる良い先生となった。ルーベンさんにとって、新宿のホームレスの人たちとの繋がりは命綱となった。

命綱は、四ツ谷にもあった。寝床を新宿駅に構えると、日中はほぼ毎日、JARのオフィスに通った。新宿駅からJARのオフィスまでの約3キロの道のりを歩いて往復した。ギターやスーツケースの荷物を毎日持ちながら移動することは大変なので、お願いをしてJARのオフィスに一時的に荷物を置かせてもらえることになった。JARのオフィスから歩いて約5分の四ツ谷駅近くには、上智大学に隣接する聖イグナチオ教会がある。そこでは、毎週月曜日の朝、カレーの炊きだしがあり、温かいカレーをいただいた。通っているうちに、教会の調理室でジャガイモやニンジンを包丁で切って、食事作りに参加するようにもなった。ルーベンさんがスペイン語を話せることがわかると、スペイン語を話すシスターから、日本語教室があることを教えてもらい、何度か、教会で行われている無料の日本語教室にも通った。

昼ごはんは、新宿通り沿いにある緑のローソンでパンを買ったり、JARで食事を出してもらったりした。街中を歩くとローソンには青と緑とピンクがあることに気づき、緑のローソンの商品の多くは１００円で、ルーベンさんのお気に入りになっていた。ＪＡＲでは仮眠もよくとった。新宿駅の路上では、どうしてもぐっすり眠ることはできなかったからだ。インターネットを借りて、メールチェックや情報を検索することもできた。ルーベンさんは、入管まで付き添って同行してくれた女性のことを思い出してお礼のｅメールを送り、改めてお礼を伝えようと「会いませんか」と申し出てみた。しかし、女性からの返事はなかった。

ＪＡＲのオフィスが午後5時で閉まると、新宿通り沿いにある新宿区立四谷図書館に行った。新宿駅では、夜遅くならないと段ボールを敷くことができないので、時間をつぶす必要があったのだ。これまでの経験上、図書館は、どの国でも無料で安心して過ごせる数少ない場所で、日本も同じだった。

四谷図書館はビルの7階にあり、明るく清潔だった。新宿御苑の新緑の木々が窓越しに見える。ここで、日本語と英語の辞書を使いながら日本語を勉強した。図書館は、夜の9時45分まで開いていた。図書館が閉まると、その日の寝床を確保するため、ネオンで明るい新宿駅まで歩いて戻っていった。

横浜市内のシェルターへ入居

日本に来て約1カ月が経った２０１０年6月、ルーベンさんは約束した時間にＲＨＱオフィスを訪れた。そして、この日、難民申請者のための緊急宿泊施設の入居許可がでた。３カ月の期間限定であったが、横浜市にあるシェルターの一室にその日から入居できることになった。また、難民申請をしている間、保護措置の許可が出て、一日1500円、1カ月4万5000円の生活費を受け取れることになった。こうして、支援手続が進み、ようやく路上生活から脱し、屋根のある家で眠れることは嬉しかった。同時に、3カ月で出ていかなければならないことには落胆した。

ＲＨＱのオフィスからシェルターまでは、ＲＨＱ職員の付き添いがあり、広尾駅から電車を乗り継いだ。最寄駅を降りてシェルターに向かう道中、外国人登録手続（2012年に外国人登録制度は廃止）をする役所の場所を教えてもらった。

シェルターには、いろいろな国から来た10人を超える難民申請者が住んでいた。共用スペースにはテレビが置いてあり、インターネットに繋がった共用のパソコンもあるし、固定電話もあった。ルーベンさんは、テレビでよく「ディスカバリー」番組を見ていたが、見慣れぬ相撲や演歌の番組もしばらく見ているうちに好きになっていった。

第2章　ルーベンさんの生い立ちと境遇

旧ソ連下グルジアで出生

ルーベンさんは、１９６７年12月、当時、ソビエト社会主義共和国連邦（旧ソ連）に属していたグルジア・ソビエト社会主義共和国（現在の呼称はジョージア）のトビリシで生まれた。

父親はアルメニア人で名はトロシアン・セルゲイ・ルベノヴィチ。人付き合いがよい社交的で、外交官のような気質を備えている人だった。母親はロシア人で名はトロシアン・アントニナ・ワシリエヴナ。曲がったことが嫌いなまっすぐな人だった。13歳年上の長姉ラリサと、２歳年上の次姉アンナの二人の姉もいて、ルーベンさんは３人姉弟の末っ子として生まれた。

〝トロシアン〟という苗字は、アルメニア人の家系では比較的ポピュラーな苗字で、日本でいえば、佐藤さんや田中さんといったところである。

ルーベンさんが物心ついたときには、その当時のグルジア・トビリシで母親と次姉アンナと三人で暮らしていた。長姉ラリサはロシア・ソビエト連邦社会主義共和国（ロシア）の大学に通っ

幼児期のルーベンさん（中央は長姉ラリサ、左は次姉アンナ／本人提供）

ており、休暇になるとトビリシの家に戻ってきていた。ルーベンさんの父と母はグルジアで出会い年若く結婚したが、ルーベンさんが生まれる前に別居した。別居した父親は、ロシアのクラスノダール地方のウスチ＝ラビンスクで生活していた。

一方、ルーベンさん達の住まいは、トビリシ市内のアルメニア人やギリシア人など少数派の民族が多く住む居住地域にあった。共同住宅の建物の3階の一室に住み、1階の一室には、父方の伯母家族が住んでいた。ルーベンさんの記憶では、父親と初めて会ったのは5歳の頃。学校に通う年齢になり、夏休みなど長期休暇に入るとロシアにある父親の家に行き、一年のうち数カ月は父親と一緒に過ごした。

父親は技術者であり、かつ、ビジネスマンだった。ルーベンさんが生まれる前には、グルジアの科学研究の大学で技術者として働いていた。大学で働いていた頃、父親は正体不明の何者かにナイフで肺の近くを刺されて重傷を負った。運よく一命をとりとめたが、その犯人が逮捕されることはなかった。父親は、当時の社会情勢の中、アルメニア民族であるという出自が刺される原因であることも、犯人が逮捕されないであろうこともわかっていた。

そのため、父親は容体がよくなると、再び命を狙われる可能性が高いという危機感から、一人でロシアのクラスノダール地方のウスチ＝ラビンスクに引っ越し、その後はアスファルト製造をはじめとする複数の工場を経営するビジネスを展開していった。

子ども時代

父親と母親は離れて暮らしていたが、母親も仕事をしており、経済的に困窮したことはなかった。母親は、ルーベンさんも通っていた学校でロシア語の教師をしていた。母親らと住んでいた家は政府から割り当てられたもので、家賃の支払いは必要なかった。

両親は、別居を経て、ルーベンさんが10歳になる頃に離婚した。しかし、離婚後も両親の交流は続き、母親は亡くなる数年前から父親の家で過ごしていた。２０１３年に母親がロシアで亡くなったとき、父親に看取られて父親の家で息を引き取った。母親が他界した後、父親も２０１９年にロシアで亡くなった。長姉ラリサも２０１０年に亡くなり、一緒に暮らした家族の中で、今なお生きているのは次姉アンナだけである。

ルーベンさんは物心ついた頃には、自分は父のルーツと同じアルメニア民族で、マイノリティであると認識していた。同じ建物に住んでいた父方の伯母からは、いつもアルメニア語で話しかけられていた。言っていることは何となくわかるが、ルーベンさん自身はアルメニア語の読み書きはできず、言葉を話すこともできなかった。他方で、母方のルーツであるロシア人の祖母の家族もグルジアに住んでおり、祖母は敬虔なロシア正教会の信者であった。

幼い頃から読書が好きで、童話にファンタジー小説、ドキュメンタリーをよく読んだ。図工も好きで、学校を終えた後にアートスタジオに通い、粘土や木工で様々な作品を作ったりしていた。スポーツは、団体競技よりも個人競技に親しみをおぼえ、チェスをするのも好きだった。そして、大人になったらアメリカに行きたいと漠然と思っていた。アメリカに行けば自由になれる、努力次第で大きな夢も叶えられる〝アメリカンドリーム〟に魅せられていたからだ。

旧ソ連時代の兵役体験

建築に必要な知識を学ぶ職業訓練高校に3年通って卒業した後、1986年頃に兵役に就いた。当初は、アフガニスタンに送られそうになったが、戦闘は嫌だったので回避した。また、ウクライナのチェルノブイリ原子力発電所の事故が起きたときはチェルノブイリにも送られそうになったが、放射能汚染は命にかかわると思い回避した。

当局からは「今度、回避したら捕まえて処罰する」と言われ、ルーベンさんは、最終的に極東に駐屯している陸軍部隊に配属された。

1987年頃兵役を終えると、ロシアの父親の家に数カ月滞在して、そのままそこで暮らそうかとも考えていた。父親は、当時ビジネスをして経済的にもゆとりがあり、自分もロシアで働こうと思ったのだ。

一方で、母親に連絡すると「トビリシで独り寂しい」と泣きながら言われた。その頃、長姉ラリサは結婚して家を出ており、次姉アンナはロシアの大学に入学してロシアで生活しており、母親はグルジアで一人暮らしになっていた。ルーベンさんは、家族の中では母親と過ごした時間が長く、母親から一人で寂しいと泣かれると放っておくこともできず、トビリシに戻ることを決めた。

民族間の確執と劣悪な労働環境

トビリシに戻った当時、母親は政府から割り当てられたアパートの一室から引っ越して、父親に資金を出してもらい購入した共同住宅の6階の一室で暮らしていた。ルーベンさんはトビリシに戻ると、生活のため様々な仕事に就いた。しかし、どの仕事も労働環境は劣悪だった。働いた分だけきちんと給料が支払われないことや、同僚のグルジア人からあからさまな憎悪を向けられることも日常であった。

グルジア人が雇用主であった金属製造加工工場で働いた時は、アルメニア人であることで差別を受け、働いた分の給料を全額もらえないこともあった。

父親がかつて働いていたという、プラスチックの加工工場でも仕事をしたが、父親がアルメニア人であることがわかると、同僚のグルジア人達から嫌がらせを受けるようになった。工場の中を歩いていても、わざとぶつかってこられたり身体を押されたり、すれ違いざまに殴られたりと、暴力を受け差別的な態度や言動をとられた。仕事をやめさせようとする意図をあからさまに感じる毎日だった。給料もきちんと支払われず、労働環境が劣悪だったので、工場の仕事をやめるしかなかった。

その後、別のプラスチックの圧縮工場でも働いた。最初の半月は給料を支払ってもらえたが、その後は「待ってくれ」と言われて支払われなくなった。催促しても「もう少し待ってくれ」と言われるだけで、きちんと支払われることはなかった。ルーベンさんは、「警察にこのことを言います」と言って仕事をやめた。警察にも「働いたところできちんと給料が支払われません」と告げたが、警察では「そんなに気に入らないならアルメニアに帰れ」などと言われて、給料の問題に取り合ってもらえないうえに、アルメニア人であることで差別され責められた。

また、電車で荷物を運ぶ際の護送の仕事もした。この仕事は、給料がきちんと支払われたので、比較的長く勤めていた。ところが、あるとき商品が入っている車両のワゴンが1台紛失するトラブルがあり、ルーベンさんや、オセチア人、アゼルバイジャン人といった少数派の人たちが疑われた。物が紛失すると、必ず、真っ先に社会の少数派であるアルメニア人や他の少数派の人たちが疑われた。物を盗っていなくても疑われ、逮捕されて刑務所に送られることも日常茶飯事で、実際にアルメニア人の友人がえん罪で刑務所に送られていた。また、ルーベンさんの父方の年の離れたアルメニア人の従兄も、窃盗の濡れ衣を着せられて逮捕され、有罪判決を受けて2年間服役した。警察の取り調べでは「罪を認めなければ、お前の子どもや家族を殺す」と脅され、自白を強要されたと聞いていた。従兄は、その後グルジアを逃れてアメリカに渡った。

疑われたことで、えん罪で刑務所に送られた友人や従兄と同じ目に遭うかもしれないと身の危険を感じ、すぐに仕事を辞めた。

その後、彫刻などの美術品を修復する仕事にも就いた。仕事の業務内容そのものは面白く、やりがいを感じられた。ところが、ここでも同じ理由で差別を受け、きちんと給料を支払ってもらえなかった。その上、グルジア人でボクサーの同僚から敵意を示され、悪口を言われて喧嘩をふっかけられてもいた。喧嘩になれば勝ち目はなく、大怪我をするかもしれないという危険を感じる毎日に耐えられなくなり、この仕事もやめた。

靴づくりの仕事にも就いた。靴づくりの技術を身に着ければ、自分で独立して仕事ができると思ったからだ。ところが、ここでも差別的な言動を受け、同僚から暴力を受けるようになっていった。あるとき、椅子の上に、尖った釘が置かれていた。座る前に気がついたので、怪我をすることはなかったが、同僚のむき出しの敵意に背筋が凍った。靴づくりの仕事では、ナイフを使って仕事をする。喧嘩になってこの鋭利なナイフで刺されたら、父と同じ目に遭ってしまう。そうなった時、刺したグルジア人が悪くても、警察は「アルメニア人の方が悪い」と言うだろう。そして、グルジア人が逮捕されることはない。ルーベンさんはここでも身の危険を感じて職場を去った。

ほかにもコンクリート製造や警備の仕事にも就いたが、アルメニア人であることを理由に給料の支払いをきちんと受けられず、同僚から差別され嫌がらせを受けることは同じだった。人に雇われる仕事では、常に差別を受けて身の危険や命の危険を感じ、絶えず自分を守らなければならない。給料も満足にもらえず、生活していけないと身に染みることばかりだった。

こうした劣悪な状況から離れて少しでも安全に生活していくために、ルーベンさんは自分で商品を買い付けて市場で売る小売業のような仕事を始めた。買い付けのために、旧ソ連の加盟国であるアルメニアやウクライナにも出かけていった。

ところが、あるとき市場で商品を売り、余った商品を家に持ち帰ろうとして路上に出たところでグルジア人の数人の男たちに囲まれた。ナイフを突きつけられて「金をよこせ」と脅された。ルーベンさんは抵抗したが、ナイフを持った相手は「うるさい、アルメニア人!」「アルメニアに帰れ!」などと罵声を浴びせながら襲ってきたので、近くにあった金属の棒を手に取り暴漢たちを必死に追い払った。このときは何とか逃げ切ることができ、怪我もなく商品もお金も取られず無事だった。

この事件は、アルメニア人である限り、どんなに頑張っても危険から逃れることはできないと確信する絶望的な体験となった。

グルジアの独立と旧ソ連の崩壊

ルーベンさんがトビリシに戻った１９８７年頃は、旧ソ連が崩壊していく前夜の時期だった。１９８８年11月のエストニアに始まり、その後、旧ソ連に属していた国々は、次々と国家主権を宣言していった。１９８９年４月９日、トビリシでは、独立を求める民主化デモがソ連軍により鎮圧され、多数の死傷者が出た。グルジアでは、このトビリシ事件を機にソビエト体制への反発が一層強まっていったと言われている。

トビリシ事件の半年後、グルジア民族至上主義を唱えるズヴィアド・ガムサフルディア率いる政党が選挙で勝利を収め、独立に突き進んだ。１９９０年には国家主権を宣言し、１９９１年４月には独立を宣言。ガムサフルディアは大統領に選任された。そして、１９９１年12月25日、ゴルバチョフは旧ソ連・大統領を辞任し、ソビエト連邦最高会議も解散を決議。世界の大国であった旧ソ連が崩壊、消滅した。

１９９１年12月下旬、グルジアでは、反ガムサフルディア派が軍事クーデターを起こし、大統領官邸を襲撃した。トビリシで市街戦が２週間繰り広げられ、ガムサフルディアはグルジアを追われた。このトビリシ内戦により、グルジアは事実上無政府状態に陥り、全土が軍事的混乱の渦中に置かれた。この混乱を収めるため、旧ソ連下で閣僚経験があるシェワルナゼがモスクワから呼び戻され、１９９２年３月に国家評議会議長に就任した。その後もグルジアの内政は不安定な状況が続いたが、１９９３年10月に独立国家共同体（ＣＩＳ）への加入を表明し、ロシア軍の助けを借りて、ガムサフルディア派の蜂起を封じ、１９９５年にはグルジアに新憲法が制定された。

旧ソ連が崩壊する前後の混乱期、グルジアでは、グルジア民族至上主義を訴えるガムサフルディアが政治的権力を掌握していくなかで、アルメニア人をはじめとする少数民族の人たちが社会から疎外され、隅に追いやられ差別を受けていった。日に日に治安は悪くなり、テレビではロシア語を話してはならないといった宣伝が流されるようになるなど、少数民族の人たちは身の危険を肌で感じることが増えていった。ルーベンさんは、この激動の旧ソ連崩壊前後の混乱の時代を、グルジアで過ごしていたのである。

一人取り残され、迫る生命の危険

グルジア内で旧ソビエト体制への反発が高まっていた１９９０年頃、ルーベンさんの母親は、結婚してアルメニアに住んでいる長姉ラリサから子育てを手伝ってほしいと言われ、アルメニアへと引っ越した。次姉もロシアで大学を卒業した後ロシアに住み続けていた。一方で、ルーベンさんは母から「あなたは長男だから、家を守りなさい」と言われ、一人トビリシに残された。

ルーベンさんが一人トビリシで生活していた頃、オセチア人の同級生の家族は、突然、ガムサフルディアの親衛隊から、それまで住んでいた家を追い出され、家を占拠されてしまった。もちろん、補償などは何もなかった。この友人からは「早く家を売った方がいい」とアドバイスを受けていた。

そして、１９９２年のある日、家に帰ると、玄関のドアが壊されていた。家の中は物が散乱し、母のネックレスなど貴金属がなくなっていた。近くの警察署に泥棒が入ったと被害を訴えたが、警察官はまともにとりあってくれない。「被害届を出したいのです」と訴えたが、門前払いされた。そのことを友人に相談すると「事件番号をもらったほうがいい」とアドバイスを受けたので、再度警察に行き「事件番号をください」と訴えた。それでも、警察署では対応してもらえなかったので、今度は検察庁に行って検察官にこの出来事を説明した。すると、検察庁に行ったその日の夜、被害届を受理しなかった警察署の警察官３、４人が家にやってきた。「お前何をしているのかわかっているのか。お前が消えても誰も気づかない。誰も気にしない。お前など誰でもない。これ以上訴えたら殺すぞ」

この出来事は、もはやグルジア社会に安心・安全はなく、人間として生きていける場所ではなくなっていることを痛感させられる体験となった。その後、あまりにも酷い社会情勢と生活環境に、命の危険を常に感じるようになり、トビリシを出ることを決めた。

最初に、外国の大使館に行き渡航する術を確認した。ルーベンさんの記憶では、当時のグルジアには、ドイツ、アメリカ、ノルウェー、ロシアの4つの大使館しかなかった。そのすべての大使館に行き、正規に渡航する術を求めたが、何ら良い結果は得られなかった。また、この頃トビリシでは、グルジア旅券の発給も受けられなかった。さらに、アルメニアにも出向いて国籍取得ができないかを探ったが、アルメニアでの居住歴はなく、無駄足となった。

警察官による強奪事件

その後、25歳になったルーベンさんは、トビリシを出る決定的な体験をした。

1993年のある日、住んでいた共同住宅の一室を売却することができた。その代金は、旧ソ連時代の貨幣ルーブルで受け取った。そして、外国で使いやすいようにと、米ドルに両替した。両替を終えて両替所から通りに出ると、体が大きい3人の警察官に呼び止められた。彼らは警察官のIDを示して、両替した資金について確認したいことがあると言い、車に乗るよう命令してきた。嫌な予感がしたが、どうすることもできなかった。車に乗ると、連れて行かれた先は警察ではなく、トビリシ市内の人工湖の森の中だった。子どもの頃から何度も訪れたことがある美しい自然がある場所だった。そこで、警察官から「金を出せ」と言われた。ようやく手に入れた金を奪われたくはなかった。必死で抵抗したが、簡単に取り押さえられ、銃口を突き付けられた。このままでは殺されてしまうと恐怖で凍りついた。一人の警察官がルーベンさんの衣服のポケットからドル紙幣を奪い、枚数を数え始めた。警察官達が紙幣を分け始めたその隙を見て、全速力でその場から逃げ出した。背後で発砲する音が聞こえたが、金を奪った警察官は追って来なかったので、命だけは助かった。

第3章　欧州放浪の旅

■この章では、ルーベンさんの直接の語りを再現しました。長期間に及ぶため記憶が曖昧になっている時期もあるほか、過酷な体験を思い出すのに苦労することもありました。こうしたことも含めて、訴訟のために作成した陳述書をベースに再度インタビューを重ねてルーベンさんが教えてくれた体験をできるだけ収録しました。（著者）

トビリシから逃げ出してロシアの父親のもとへ

私は、トビリシのアパートの売却代金を強奪された後、ロシアのクラスノダール地方にあるウスチ＝ラビンスクで暮らす父親に「ここではもう生活できない。ロシアの国籍をとって海外に行きたいんだ。そっちに行ってもいいかな？」と電話をかけました。父親は「もちろんかまわないさ、こっちに来なさい」と言ってくれたので、すぐに父親のもとに向かうことにしました。他のアルメニア人の友人、知人にも「一緒に行かないか」と声をかけましたが、それぞれの家族の事情などがあり、私と一緒に行く人は誰もいませんでした。

私は、トビリシからバスに乗り、まずは西北に向かって南オセチア自治州*の州都ツヒンヴァリに向かいました。

ツヒンヴァリに着く少し前のところに検問所があって、そこでバスから降ろされました。検問所でＩＤを見せるように言われたので、旧ソ連時代の国内移動旅券を見せました。ところが「ここを通るためには金がいる」と言われ、私はお金を払うのはおかしいと思いましたが、トビリシには絶対に戻りたくなかったので、求められるままお金を渡して通過しました。

ツヒンヴァリに着いてから、ロシアとの国境へは歩いていきました。国境に向かって歩いていくと、目の前には大カフカス山脈が見えてきます。国境までそう遠くはありません。南オセチアから国境をまたいで、ロシアの一部となった北オセチア共和国へ入り、ウラジカフカスへ

＊南オセチア自治州は、旧ソ連時代、グルジアの領域の中で自治が認められていた。しかし、グルジアでグルジア民族至上主義が台頭し、独立に向かって突き進むとグルジア政府との対立が深まり、１９９１年には南オセチアとグルジアとの間で本格的な戦闘が始まった。１９９２年に停戦合意となり、事実上の地域分割統治の状態となっていた。ルーベンさんが訪れた１９９３年当時は、停戦合意がなされた後で平和維持軍が駐留していた。

と向かいました。

ツヒンヴァリからウラジカフカスまで、バスに乗ったりヒッチハイクをしたりしながら、トビリシを出たその日の内に辿り着くことができました。ウラジカフカスから父親が住んでいるロシアのウスチ＝ラビンスクまでは鉄道で向かい、2日半ほどかかりました。ウスチ＝ラビンスクの最寄り駅から父の家までは歩いて行きました。

住民登録できず、モスクワの母親のもとへ

父とは、19歳のときに極東で兵役を終えた後に訪ねて以来、約6年ぶりの再会でした。父は、快く迎え入れてくれました。父の住まいは一軒家で部屋には余裕があり、私が一緒に生活するには十分なスペースがありました。

父と再会してすぐに「ロシア国籍がほしいから、住民登録するのを手伝ってほしい」と頼みました。しかし、父は難しい顔をして「ここの住所は使ったらいい。ただ、自分でやりなさい」と言って、協力してくれませんでした。

ロシアのウスチ＝ラビンスクも、旧ソ連が崩壊して治安は混沌としていました。アルメニア人である父は、私の住民登録を手伝うと、ロシア人の機嫌を損ねて嫌がらせを受けることや、ビジネス上でも何らかの不利益を被ることを怖れているのだろうと思いました。父の立場はわかりましたが、私もアルメニア人です。情勢を考えると、ロシア国籍をもってウスチ＝ラビン

スクに住んでいる父の助けがないと住民登録はできないと思いました。助けてほしいと思いましたが、仕方ありませんでした。

私は、やむなく一人でロシア当局の役所に行って「住民登録をしたいのですが」と相談しました。しかし案の定、「我々はチェチェンと戦争状態にある。コーカサス地方の者からの届出は受け付けない。受け付けるのなら、金が要る」と言われました。私は事情を説明して「自分はチェチェン人ではありません。アルメニア人です」と訴えましたが、「我々にとっては同じことだ」と取り合ってもらえませんでした。納得がいかないまま「いくら必要なんですか」と尋ねると、「2万ドル」と言われました。お金があれば払って住民登録をしたかったのですが、そんな大金はありませんでした。諦めて家に帰ると、やり場のない怒りを父にぶつけるしかなく、父と喧嘩になってしまいました。

私は何かいい方法はないかと考えました。仕事が見つかれば、職場を通じて住民登録や国籍取得の申請ができるかもしれないと思ったので、仕事を探しました。

仕事を探すためにクラスノダール市に向かい、通りを歩いていたとき、警察に呼び止められて「IDを見せろ」と言われたことがあります。旧ソ連時代の国内移動旅券を見せましたが、「これではダメだ。警察に来い」と、警察に連行されてしまいました。私は事情を説明しましたが、4、5時間拘束されたうえに、最後には「金を払え」と要求されました。私はこれ以上は耐えられないと思い、手持ちのお金を渡して解放してもらいました。

父の家には、1カ月ほど滞在したと思います。このままここにいても、仕事は見つからないだろうと思ったので、母のいるモスクワへ行くことにしました。長姉ラリサの家族と母は、アルメニアからモスクワに引っ越して、みなロシア国籍を取って暮らしていると聞いていたからです。また、次姉アンナもモスクワにいると聞いていました。母はもともと旧ソ連のロシア出身なので、自分も姉たちと同じように、ロシア国籍がもらえるはずだと思いました。ただ、私は、母とラリサ、アンナの住所も電話番号も知りませんでした。父は連絡先を知っていたのですが、理由は今でもわかりませんが教えてくれませんでした。どうやったら住所がわかるだろうと考えていると、ラリサの子どもたちの甥や姪が通っている学校のことを思い出しました。「そうだ、学校に行けば甥たちに会えるかもしれない、うまく甥たちに会えれば、家まで連れて行ってもらえるかもしれない」と思いました。そこで、その記憶を頼りに、モスクワへ行くことにしました。

ウスチ＝ラビンスクからモスクワまでは約1200㎞の距離があります。私は数日かけて鉄道で向かい、モスクワに着くと、そのまま甥たちが通う学校へ向かいました。下校時間まで待っていると、幸運にも学校から出てきた甥と再会することができました。甥の方から「ルーベン叔父さん！」と声をかけてくれました。甥は突然の訪問に驚いていましたが、嫌がることなく屈託のない笑顔を見せて、家に連れて行ってくれました。家に着くと、そこには母とラリサがいて、母は私の姿を見ると、目を見開いてとても驚き「まぁ、ルーベン。どうしたの！よく来たわね」と抱きしめてくれました。私は来てよかったと思いました。

ラリサは「何をしに来たの？」と冷たい態度でした。私は訪ねてきた事情を説明して、母に「ロシア国籍を取るのを手伝ってほしい」とお願いしました。でも、母は「ラリサにきいてみないと…」と姉の方を見ました。私が姉の方を見ると、姉には「国籍を取ったり、住民登録に協力したりすることはできない」とはっきり断られました。続けて「悪いけど子ども達もいるから、家に泊めることはできないわ」と言われて、落ち込みました。モスクワの状況も、父のいるウスチ＝ラビンスクと同じで混沌としていて、ロシア国籍があっても、アルメニア人は差別を受けて肩身の狭い生活をしていました。事情は察することができましたが、私も家族の一員です。泊めてくれてもいいのにと思いました。母はラリサに何も言えない様子で、他に泊まる当てもなく、仕方がなく空港を寝床にして過ごしました。これからどうしようかと思っているると、２、３日目には空港の係員に不審者扱いを受けるようになり、モスクワ市内に移動しました。市内で通りを歩いていると、警察官に呼び止められて、その都度身元を確認されるので、そのうち捕まってしまうのではないかと不安になり、ウスチ＝ラビンスクの方がマシではないかと思って、仕方なく戻ることにしました。

再び父親のもとから叔母を頼りにウクライナへ

私は再び鉄道でウスチ＝ラビンスクに戻り、しばらくの間仕事を探しましたが見つからず、ロシア国籍を得るための方法も見つかりませんでした。もともとロシア国籍が取れたら、パスポートを作って外国に行って生活したいと思っていましたが、ロシアでは住民登録すらできません。ひとまず、少しでも可能性のある場所に行こうと考え、母方の叔母を頼ってウクライナに行くことを思いつきました。

叔母は、ウクライナのマキイフカに住んでいました。叔母の家には、ウクライナに商品を買い付けに行った際などに、何度か訪れたことがありました。マキイフカまでは、鉄道で数日かかりました。

叔母を訪ねると、「よく来たわね」と笑顔で迎え入れてくれました。私はこれまでの経緯を話して「ウクライナで国籍を取れませんか」と相談しました。私の話を聞いた叔母の夫は同情して、助けになろうとしてくれましたが、叔母には「それはできないわ。ここでは無理よ、帰った方がいい」とはっきり断られてしまいました。叔母も、父や姉達と一緒なのかとショックでした。

次の当てがないことを嘆くと、しばらくの間、叔母の家に住まわせてもらえることになりました。私は、国籍を取得する方法がないか調べながら、仕事も探しました。しかし、国籍を得る道は見つからず、私の境遇で雇ってくれるところも見つかりませんでした。結局、ウクライナにいてもどうにもならないと諦め、少しでも可能性がある場所へ行くことにしました。叔母には「お世話になりました。ありがとう」と言って、家を後にしました。

叔母と別れ、ポーランドへ

私は、旧ソ連国内には自分の居場所はないと思いました。ドイツでは難民を受け入れていると聞いたので、ドイツに向かうために、まずはポーランドに行くことにしました。鉄道でウクライナの首都キーウに向かい、そこからベラルーシの首都ミンスクに行き、そこからポーランドとの国境に接しているブレストまで移動しました。ウクライナとベラルーシは、もともと旧ソ連の一部だったので、国境を越えることにさしたる問題はありませんでした。しかし、ベラルーシからポーランドへの国境越えには苦労しました。鉄道でポーランドへ入ろうとしましたが、ＩＤやビザを持っていなかった私は、入国を拒否されました。それでも何度か国境越えに挑戦していると「金を払ったら入国させてやる」と持ちかけられたので、なけなしのお金を渡して、国境を越えてワルシャワまでたどり着くことができました。ワルシャワに着いた頃には、水を買うお金もなくなりました。喉が渇いて公園で水を飲むと、気分が悪くなって熱が出ました。医者に行くお金も薬を買うお金もなかったので、ただじっと苦しみ耐えるしかありませんでした。

ドイツに行きたくても、お金が底をついてどうすることもできなかったので、ワルシャワで難民申請をすることにしました。最初、窓口では記入した申請書さえ受け取ってもらえませんでした。それでも必死に粘り強く訴えて、最後には何とか申請書は受け取ってもらえたのですが、それから1時間くらいであっという間に申請は拒否され、当局の職員から「ドイツに行きなさい」と促されました。

労働搾取

〝ドイツに行け〟と言われてもお金がなく途方にくれていると、ワルシャワ駅の近くでウクライナ人に声をかけられました。私は「ドイツまで行くつもりなのですが」と話すと、そのウクライナ人は「自分もドイツに行って、戻ってきたところです。ドイツ行きを手助けしてくれた人がいます。その人の住所を教えてあげましょう」と言って、手助けしてくれたというポーランド人を紹介してくれました。そのポーランド人は、コジリツェという町に住んでいるというので、私はその人を訪ねて行きました。

紹介されたポーランド人の居場所を見つけて会うことができたので、早速「ウクライナ人に紹介してもらいました。ドイツに行きたいのですが」と言うと、そのポーランド人は「まあ、焦ることはないでしょう。お金はありますか？　まずは働いたらどうでしょう」と仕事を勧めてきました。

私は、手持ちのお金が尽きていたので、稼いでからドイツに行こうと思い、養豚場の仕事を紹介してもらいました。仕事をしている間の住まいは、そのポーランド人が提供してくれました。知らない人に頼って大丈夫かなと思いましたが、ほかに選択肢はなく、藁をもつかむ思いで信用するしかありませんでした。

養豚場での仕事は悪臭が漂う不衛生な環境で苛酷でした。数日働いてみたものの、とても耐えられるものではありませんでした。そのうえ、働いた日数分の給料をもらえませんでした。その後も、同じポーランド人の紹介で、工事現場や塗装の仕事などを転々としたのですが、給料の話になると、のらりくらりとかわされて支払ってもらえませんでした。住むところがあったのでしばらく我慢していましたが、都合よく労働力として使われているだけだとわかり、自力で国境を超えてドイツに行くしかないと思い、その場から離れました。

苦難の連続、ポーランド・ドイツの国境越え

ドイツに行くための国境越えでは、刑務所に入れられてしまいました。

最初は、ポーランド西北にあるシュチェチンという町から鉄道でドイツに向かいましたが、ＩＤとビザがなく、入国できませんでした。次に、ズゴジェレツという町から鉄道でドイツの

ゲルリッツに向かいました。かつて、ゲルリッツとズゴジェレツは同じ町だったので、審査がないかもしれないと思ったルートでしたが、国境警備隊に捕まり、収容施設に入れられてしまいました。しかし、施設の警備は厳重ではなかったので、そこで出会ったウクライナ人と一緒に、施設から逃げ出すことができました。

次は、どのルートでも客車に乗るとIDとビザのチェックがあるとわかったので、走っている車両の外側の踏み台に飛び乗って車両にしがみついたまま国境を越えようとしたのですが、ドイツに入国して間もなく列車から飛び降りたときに頭を強く打って動けなくなってしまいました。列車にも轢かれそうになり危うく生命を落とすところでしたが、幸い無事でした。しかし、このとき見つかって逮捕され、ポーランドに送り返されて、裁判を受けることになりました。

ポーランドの裁判では、弁護士はつかず、検察官から国境を違法に越えた罪で、1年間の実刑を求刑されました。裁判では10カ月の刑期を言い渡されて、裁判官から「刑務所で何も問題を起こさなければ、言い渡した刑期の半分ぐらいで出てこられます。ただし、あなたの場合、6カ月はかかるでしょう」と言われました。

刑務所では、殺人、強姦、強盗、通貨偽造など重大な罪を犯した人たちと同じ部屋になりました。みな番号で呼ばれていて、その番号が犯した罪の重さを示していました。私は国境を違法に越えた罪でしたが、誰もその番号を知らず、私が刑務所に入った理由を信じてくれませんでした。刑務所の中では出た後のことを考えて、ポーランド語やドイツ語を勉強しながら何も問題を起こさずに過ごしました。

しかし、６カ月が経っても出所できる気配が全くなかったので、刑務所内で働くソーシャルワーカーにどうなっているのかを確認すると、７カ月を過ぎた頃に３人の刑務所職員と面談がありました。面談では、職員から「出所したらどこに行くのか」と尋ねられたので、何と答えていいかわからず「家に帰ります」と言いました。職員は納得しない様子で「その後何をするのか、ポーランドに知り合いはいるのか」などたくさんの質問を浴びせてきたので、思いつくままに答えました。その後、裁判所で言い渡された刑期である10カ月が過ぎても釈放されませんでした。職員に「どうして私は釈放されないのですか？　刑期はもう過ぎています」と訴えましたが、「決めるのは別の人だから、私にはわからない」と言われました。

私は、きっとグルジアに送り帰したいのだろうが、グルジアが受け入れないので時間がかかっているのではないかと想像しました。先の見えない日々を送りましたが、11カ月が過ぎた頃、突然、出所することになりました。今となっては、刑務所での生活は、最低限の衣食住があって語学の勉強もできたし、ドイツに行くための情報もいろいろと得られたので、社会経験を積むための大学のようなものだったと思うようにしています。

出所した後は、他の受刑者から「ドイツには、ポラユフの国境沿いに川幅の狭い場所があるので、そこから川を渡って行けばといい」という話を聞いていたので、それを頼りに、教えてもらった場所に行くと、本当に川幅の狭いところを見つけることができました。タオルや衣服を濡れないようにビニール袋に入れて川の向こう岸に投げ込み、川に入りました。水深はちょうど頭が隠れるぐらいだったので、ぴょんぴょんと飛び跳ねながら、ドイツ側の岸まで何とか渡りきりました。4回目の国境越えでドイツに入ることができ、"God bless me!"と思わず神に感謝しました。服を着てしばらく歩くと、ドイツ・ツィッタウという街に辿り着きました。ポーランドから国境を越えてドイツに行くまで、刑期を含めて1年以上かかりました。

ドイツ入国、仕事から始める

ドイツに入国したのは、1994年だったと思います。わたしは26歳でした。ツィッタウから電車に乗り、ドレスデンに向かいました。ドレスデンに着くと、刑務所内の受刑者に教えてもらった、ポーランド人やウクライナ人が出稼ぎに行っているという場所を訪ねました。

刑務所で覚えたドイツ語で挨拶し、仕事をしたいと伝えると、ドイツ人の社長は「いいですよ。今日から大丈夫ですか?」と言ってくれたので、ドレスデンについて30分もしないうちに、仕事を見つけることができました。ドイツ人の社長は、私に手持ちのお金がないことがわかると、食事や衣服を買い与えてくれました。

仕事は建設現場での作業で、解体、壁の塗装、屋根づくりなど様々な仕事をこなしました。

ほかにも、10人以上のポーランド人やウクライナ人が雇われていました。仕事は1日8時間、時給は5ドイツマルクでした。住まいは、最初は建設現場内にあったトレーラーでしたが、少し経つとトレーラーから現場近くに併設されていた寮のような建物に移り、そこで同僚と共同生活をしました。

ある日、同じ現場で働いているドイツ人の労働者から「いくらもらってるのか」と訊かれたので「1時間5ドイツマルクです」と答えると、「それは奴隷だな。俺は30マルクだぞ」と鼻で笑われました。この話を聞いておかしいと思い、ドイツ人社長に時給のことを確認すると、「わかりました。それなら、その仕事は私がやるので、別の仕事をしてください」と言って、少し楽な作業になりました。これまでのことを思うと、ドイツ人社長は親切な人だと思いました。

ドレスデンでしばらく働いていると、仕事で知り合った人から「フランクフルトにはもっと楽で良い仕事がある」と教えてもらい、場所を変えるのも良いかもしれないと思ったので、フランクフルトに行くことにしました。

フランクフルトで見つかった仕事は、栗の実を拾う仕事で、それなりに過酷でした。しかも、そこで知り合ったベラルーシ人に、働いて得た給料を盗まれてしまいました。

この頃、知り合ったポーランド人から「フランスに行って、外国人部隊に入れば、フランス国籍がとれる」という話をよく聞かされました。外国人部隊で軍隊の一兵士となれば、食べ物も住む場所も手に入り、何より5年間働けばフランス国籍が取れるという内容でした。実際に、多くのポーランド人がフランスの外国人部隊に入隊していったという話でした。私は、旧ソ連の兵役のときに、戦争や危険なところに行きたくなくて逃げたこともあったので、最初は話半分に聞いていていました。しかし、国籍を得たかったので、何度も聞いていると魅力的な話に聞こえるようになってきて、フランスの外国人部隊に入り、フランス国籍を得ようと考えるようになりました。

ドイツでの収容、難民申請

フランスの外国人部隊に入るため、ドイツからフランスに移動しようと、フランスとの国境沿いのザールブリュッケンという町に鉄道で向かいました。しかし、ザールブリュッケンの駅から歩いてフランス国境に向かって歩いていたときに、警察に呼び止められ、IDを持っていなかったので捕まってしまいました。

警察に捕まった後、国外退去を待つ人が収容される施設に入れられました。そこで、ドイツから退去強制されていくたくさんの人を見ました。

しかし、私は数カ月施設にいたのですが、強制送還されませんでした。ソーシャルワーカーとの面談では「あなたのことは強制送還できない。あなたには帰る国がないでしょう。あなたは無国籍です。ここから出るためには、難民申請をするしかありません」と言われました。

その当時、私は「無国籍」と言われてもあまりピンときませんでした。ロシアで「無国籍」と言えば、ジプシーと呼ばれるロマ民族の人たちのことだったからです。ロマの人たちは、昔から定まった国にとどまらず、各地を放浪して生きていました。私も確かに放浪していましたが、トビリシで生まれ旧ソ連という国に定住していました。ただ、まるでヒトラーのような大統領がグルジア民族至上主義をうたい、グルジアが独立して旧ソ連という国家が崩壊して住めなくなってしまい、安心して生活できる場所を求めていただけです。ロマの人たちと同じ「無国籍」と言われても納得できませんでした。

そのうえ、施設から出るには難民申請するしか方法がないというのも腑に落ちませんでしたが、難民として認めてもらえれば道が開けることはわかっていたので、アドバイス通りに難民申請をしました。

ＩＤ関係の書類は何も持っていなかったので、インタビューが何回もあり、細かく色々なことを尋ねられました。どこで生まれたのか、どの学校に通ったのか、どのような経験をしてきたのか、どうしてグルジアに帰れないのかなど、事細かく訊かれました。嘘をついていないか確認するために、旧ソ連時代の映画や電車のチケットを見せられて、それらについて答える取り調べのようなこともありました。

職員から聞いていたとおり、難民申請をすると、施設から出されて難民申請者の受入れ施設に移動させられ、そこでしばらく滞在した後に、ゲストハウスへと移動しました。ゲストハウスでは、様々な国からの難民申請者たちが共同生活していたので、頻繁に揉め事が起きました。

私もお金を盗まれたり、トラブルに巻き込まれたりしました。あるとき、共用のキッチンで料理をしていると、私がグルジア出身でアルメニア人であることを知っているグルジア人から「どうしてお前はクルド人とつるんでいて、俺たちと一緒にいないんだ」と言われました。私は「どうしてあなたと一緒にいなければいけないんですか？」と答えると、突然「ファック！アルメニアモンキー」と怒鳴ってきて、私は殴られてしまいました。このトラブルが原因で、私は別のゲストハウスに移動することになりました。

ゲストハウスでは食事は出ますが、金銭が支給されるわけではなかったので、仕事をすることもありました。仕事の内容は、肉体労働ばかりでした。重たいものを持ち上げる作業が続き、ある日、家に戻ると身体が痛くなり、あまりの痛みで動けなくなりました。私は、救急車で病院に運ばれました。医師からは鼠経ヘルニアと診断を受け、数日間入院して手術を受けました。しかし、手術が終わると、私には治療費を払う資力がなかったので、すぐに退院するように言われて、病院を出されてゲストハウスに戻りました。

難民不認定、フランスへ

その後、難民不認定の結果が出たので、すぐに無償で担当してくれる弁護士に依頼をして裁判所に提訴しました。一方では、ドイツにこだわるものではなく、アメリカやカナダに行けないかといろいろ考えました。外国船で仕事を見つけられればと思い、バルト海に近いハンブルクに行き外国船の船乗りを見つけて「海外に行く仕事はないですか」と探しましたが、仕事は見つかりませんでした。

裁判でも結果は同じで、難民として認められませんでした。裁判が終わると、ドイツから出ていくように言われて、ゲストハウスにも居られなくなりました。

このとき、グルジアにいた父方の伯母に国際電話をしました。特に用事はありませんでしたが、ウクライナの母方の叔母のところを出て以来、初めて親族に連絡をとりました。伯母の家には電話がなかったので、近所のアルメニア人の知人の家に電話をして、伯母と話したいと伝え、取り次いでもらいました。電話口で「まあ、ルーベンあなたなの」と伯母の声を聞くと、目の前にグルジアの風景がよみがえりました。

私はドイツにいることを伝えました。話していると、寂しくて、自分が生きていることを伝えたかっただけだと気づきました。

ゲストハウスを出た後はミンデンへ移動し、公園でテントを張って暮らし始めました。ドイツから出ていくように言われましたが、誰も強制的に国外へ連れて行くことはありませんでした。難民不認定の結果が出ると、再び収容施設に入れられる人もいましたが、私は違いました。

テント暮らしはとても寒く、仕事も見つかりませんでした。ドイツでの生活に行き詰まると、以前に聞いたフランスで外国人部隊に入ればフランス国籍がもらえるという話を思い出したので、ひとまず申し込みをするために、荷物を置いたまま、フランスへ行くことにしました。ドイツに来てから約2年半が経過していました。

当時、ドイツでは週末に限って安い運賃で数日間鉄道に乗車できる切符を買うことができました。私は、国境の町であるザールブリュッケンまで行き、その駅の周辺で、乗車券が要らなくなった人から無料で切符を譲ってもらえないかと声をかけまくり、有効期限のある乗車券を手に入れました。そこから鉄道で国境を越えて、フランスに入国しました。ドイツからフランスへの国境越えは、拍子抜けするほど簡単でした。

国籍の壁、フランス外国人部隊にも志願できず

フランスに入ったのは1996年頃で、私は28歳になっていました。国境を越えてパリまで行き、外国人部隊の受付をしている事務所を調べて申し込みに行きました。受付では、意気込んで「外国人部隊に入りたいです。モールス信号も自分はできます」と、軍隊で役に立ちそうなことをアピールしました。ところが、パスポートの提示を求められ、ないことを伝えると、「パスポートがないと外国人部隊には入れません」と断られてしまいました。

外国人部隊に入ればフランス国籍がもらえて、フランス旅券が手に入ると思っていたので、パスポートがないと入隊できないことを知り、とてもショックを受けました。期待が大きかった分、簡単には引き下がれませんでした。何か方法はないかと食い下がると、係の人は「それ

なら偽造旅券でも持ってきたらどうですか」と言いました。しかし、私の目的はフランス国籍を得ることで、偽造旅券で外国人部隊に入れたとしても、その後偽のＩＤでフランス国籍を得ることになります。それでは私が望んでいる生活ができないので外国人部隊に入ることは諦めました。

そうなると、フランスに残る方法は難民申請をすることでした。その前に、置いてきた荷物を取りに一度ドイツに戻りました。移動中、「国境って何だろうな。目に見えない、人間が勝手に引いた線じゃないか」と思いました。

再びフランスに入ると、道中、国境に近いメッスという町に立ち寄りました。メッスでは、キリスト教団体の救世軍が、ホテルや食事などを提供していたので、しばらくそこで過ごすことにしました。私は「難民申請しようと思ってます」と伝えると、「メッスでも難民申請ができますよ」と教えてもらいました。しかし、メッスは小さな町だったので、直感的にパリのほうがよいのではと思い、パリに行って難民申請をすることにしました。

パリでも救世軍を頼りました。そこで、シェルターや難民申請を受け付けてもらう場所への行き方を教えてもらいました。

私は、酒は飲まずたばこも吸いません。そんな私にとって、行く先々でのささやかな楽しみは、図書館を探してそこで過ごすことでした。パリには、ポンピドゥ・センターの中に大きな図書館があって、そこが私のお気に入りでした。図書館には、実に様々な蔵書があったので、時間があれば図書館に行き一日を過ごしました。図書館で過ごしていると、たくさんの知識を吸収できて、まるで大学教授になったような気分になれました。フランス語はドイツでも勉強していましたが、フランスの図書館でも勉強しました。図書館では誰も私を捕まえようとしないし、暴言を吐いたり罵倒したりする人もいません。図書館は、心ゆくまで静かに本を読むことができ、知識を得ることが出来る素晴らしい場所です。

難民申請の困難

パリで難民申請をしに行くと、受付で「どこから来ましたか」と尋ねられたので「ドイツを経由してきました」と伝えました。すると「それではドイツに送り返さなければなりません」と予想もしなかった返答に驚いてしまいました。とっさに、収容されてドイツに送り返されてしまうかもしれないと考え、足早にその場を立ち去りました。この後どうしようかと悩み、別の場所で申請しようと、列車でマルセイユに向かいました。

しかし、マルセイユで難民申請をするときには、いろいろな不安がよぎりました。もし、パリの当局から自分の名前や情報が伝わっていたら、ドイツに強制送還されてしまうと思ったので、迷った末にマルセイユでは偽名でチェチェン人として難民申請しました。

難民申請してからマルセイユに滞在している間は、路上で生活することもありました。フランスでは放置された空き家や廃墟などに住み着いた人たちがスクワッター（squatter）と呼ばれていて、その状態が法律で保護されていました。私も廃墟や空き家で寝泊まりしていました。

そのうち、シェルターに入ることができました。難民申請中は、フランス政府が生活費を支援してくれました。支援金だけでは足りなくなると、時折、移動遊園地での機械整備やタクシーの洗車、ブドウの摘み取り作業等の仕事をして、いくばくかのお金を稼いでいました。また、マルセイユでも図書館を見つけて、時間の許す限り通いました。

難民申請をしてから数カ月後にインタビューに呼ばれ、担当官と面接しました。その後まもなくして、郵便で難民不認定の通知を受け取りました。その手紙には異議を申立てることはできないとも書いてあったのでおかしいと思い、窓口に行き「異議を申し立てたいです」と伝えました。

しかし、職員は「できることはないのでフランスから出て行ってください」と言って、相手にしてもらえませんでした。しかし、収容されることも強制的に国外に追放されることもありませんでした。フランスにいるときに母が恋しくなり、一度ロシアにいる長姉ラリサに国際電話をしたことがあります。母と話したかったのですが、ラリサは、私が犯罪を犯したり捕まったりしているのではないかと疑い、取り次いでくれませんでした。

カナダを目指し、国境に阻まれる

フランスでの難民申請手続*も終わり、生活支援を受けられなくなったので、次の選択肢として、カナダで難民としての保護を求めることを思いつきました。カナダではフランス語と英語が公用語で、フランス語が話せると難民認定を受けやすく、カナダは難民に寛容であるともよく聞いていました。私は、フランスでフランス語を習得してある程度話せるようになっていたので、受け入れてもらえるかもしれないという期待が膨らんでいきました。

カナダ行きを決めた後、カナダに行くためには飛行機に乗り、無国籍で国境を越える必要があるので、はじめて偽造パスポートを購入しました。手にしたのは、ハンガリーの旅券でした。その旅券で、カナダ・モントリオールまでの航空券を購入し、期待に胸を膨らませてフランスを出国したのです。

しかし、飛行機の経由地のオランダ・アムステルダムで旅券の検査があって、旅券が偽造であることが見破られてしまいました。オランダで約2カ月以上拘束された後、フランスのマルセイユまで送還され、フランス当局に拘束されました。ところが、収容されるわけでもなく、数時間後には釈放されました。お金もなく、マルセイユで路上生活を続けていたのですが、このときの路上生活も過酷でした。私はフランスでの生活に行き詰まり、隣国スペインに行くことにしました。

スペインへ、3都市での難民申請

フランスからスペインへの国境越えも苦労しました。マルセイユから南下し、最初は陸路でフランスとスペインの国境を越えようとしましたが、うまくいきませんでした。次は、列車で入国しようとしましたが、IDとビザがなかったので警察に捕まり、フランスに戻されました。3回目は、列車が通らない間に鉄道のトンネルを歩いて通り抜けて、ようやく国境を越えることができました。1998年頃のことで、私は30歳でした。

スペイン東北部から入国した後バルセロナまでたどり着きました。ある時、寝る場所がなくて、建設中の建物の足場が組まれたところで隠れるように眠っていると、警察官がやってきて見つかり捕まってしまいました。大きな留置場に入れられて、そこには50人ぐらいの人たちが収容されていました。ほとんどの人が、アフリカ系やアラブ系の人たちでした。2週間ほど経つとなぜか釈放されたので、そのまま首都マドリードへと向かいました。

＊フランスには、難民申請手続とは別に、無国籍認定手続がある。無国籍認定手続を受け付ける機関は、難民の手続を審理する機関と同じ「フランス難民及び無国籍者保護局」（ＯＦＰＲＡ）だ。フランスは、1954年に採択された無国籍者の地位に関する条約に翌年に署名した数少ない国の一つである。しかし、ルーベンさんは、フランスに無国籍認定手続があることも知らず、その手続を案内されることもなかった。

スペイン3都市での厳しい生活

マドリードに着くと難民申請をしましたが、スペインでは難民申請をしても、何も支援を受けることができず、仕事もしてはいけないと言われました*。しかし、支援なしに生きていくためにはお金を稼ぐ必要があったので、仕事を探しました。建設現場で働くこともありましたが、安定した仕事は見つかりませんでした。しばらくマドリードに滞在したものの、ここでは生活していけないと思い、再度、バルセロナへと向かいました。

バルセロナに着くと、改めて難民申請をしました。マドリードでは、結果が出る前に出てきてしまったので、同じ名前では受け付けられないかもしれないと思い、偽名で難民申請をしました。バルセロナでも「働いてはいけない」と厳しく言われましたが、バルセロナ周辺の農場で時折日雇いの仕事をしてお金を稼いでいました。しかし、住む場所はなく路上生活となりました。もっとよい仕事を見つけようと探しましたが、仕事をするためには住所が必要だと言われ、定まった住居はないので堂々巡りでした。少しでも住みやすいところはないかと考えて、南方のバレンシアへ行くことにしました。

バレンシアでも偽名で難民申請をしましたが、申請してから3カ月たっても何の連絡もなく、その間生活費を稼ぐためにオレンジやトウガラシの収穫の仕事をしました。バレンシアには、私のほかにも季節労働に従事して、路上生活をする人が大勢いました。当時、身分を証明するものは何もなく、公的な支援もなく、その日その日を生き抜くことだけで精一杯でした。

スペインでの暮らしはとても厳しく、その日暮らしを続けることに心底疲れていきました。そんな時に知り合ったノルウェー人から、ノルウェーでは難民をたくさん受け入れているし支援も受けられると教えてもらいました。スペインで明日の食べ物の心配をして難民申請の結果を待ち続けるよりも、生活のことを考えるとノルウェーに行く方が良いと思うようになりました。

生活できず、ノルウェーへ

スペインからノルウェーに行くために、ブローカーからフランスの偽造パスポートを購入し、航空券も準備しました。マドリードの空港では緊張しましたが、難なく飛行機に搭乗することができ、ノルウェーの首都オスロに到着しました。

オスロに着くと、スペインで知り合ったノルウェー人から「赤十字を頼るといい」と教わっていたので、赤十字のオフィスを探して行きました。そこで「難民申請をしたい」と説明すると、ノルウェーでは難民申請の受付は警察で行われていることを知り、警察に行って難民申請

＊スペインも、フランスと同様、難民申請手続とは別に無国籍認定手続を設けている数少ない国である。しかし、ルーベンさんは無国籍認定手続の存在も知らず、その手続を案内されることもなかった。

をしました。警察では、難民申請者が暮らすことができる施設があると言われ、そこへ行くように案内されました。バスチケットをもらい、バスで約1時間走ったところにある難民キャンプに行きました。そこで約1カ月過ごした後、別の難民キャンプに移され、健康診断を受け、さらにスウェーデンとの国境に近いメローカーという町に移動し、難民申請者が住むゲストハウスに移されました。

ゲストハウスでは、アルメニア語が話せないためか、グルジア人のグループがいる部屋に割り当てられました。そこでは、アルメニア人の家族と友達になり、ノルウェー語が上手な娘さんからノルウェー語を教えてもらいました。

しかし、ある時、グルジア人の女性から「どこから来たの」と尋ねられました。「グルジアです。ただ、私はアルメニア系です」と答えると、「この、くそアルメニア人め」と突然罵られたうえに、顔に何度もペッ、ペッと唾を吐きかけられました。その後、グルジア人から嫌がらせを受けるようになり、何をされるか怖くて、ソーシャルワーカーに「これ以上ここにいると危険なので、グルジア人のいる部屋から出たいです。別の場所に移してもらえませんか」とお願いしました。しかし「場所を移すことはできないです。弁護士に相談してみてください」と断られました。

言われた通りに弁護士に相談して、宿泊場所を移りたいと伝えると「宿泊施設は変えられません。施設を出ていくなら、難民申請は取り下げることになります。問題があるのなら、他の国に行ったらどうですか？」と応じてくれませんでした。

私は迷いました。宿泊施設に滞在しているグルジア人の中には、難民申請をして4年から6年も待っている人たちが大勢いました。私も同じくらいかかるとしたら、4年から6年近く敵意をもって悪態をついてくるグルジア人たちに囲まれて過ごすことになるのかと思うと、ゾッとしました。そもそもグルジアでは〝アルメニア人だから〟と、数々の差別や嫌がらせを受け、警察官には助けられるどころか脅されてお金を奪われ、身の危険を感じてグルジアを出たのです。〝アルメニア人だから〟という理由で攻撃される生活には、到底耐えられませんでした。状況を変えるには、ノルウェーを出国する以外に選択肢はないと思いました。仲良くなったアルメニア人の家族たちと別れることだけが心残りでした。

民族差別を逃れ、アイルランドへ

ノルウェーから出るために、以前フランスに滞在していた時に知り合ったベラルーシ人の知人に連絡すると、アイルランドの首都ダブリンにいて、「アイルランドは良いところで、難民申請もできる」と教えてくれました。私はすぐにオスロ空港から飛行機に乗って、ダブリン空港へと向かいました。

アイルランドのダブリンに着いたのは、1999年でした。私は、31歳になっていました。

私はベラルーシ人の知人を頼って、しばらくの間彼の家に滞在させてもらいました。難民申請をするために受付に行き、顔写真を撮影して、申請書を窓口で提出しようとしたら、女性の職員から「あなた、ルーマニア人でしょう。以前も、難民申請に来ましたよね。私はあなたのことを覚えています」と強い口調で言われました。

私は「違います。私はアルメニア人です。旧ソ連のグルジアから来ました」と反論したのですが、「いいえ、私のパソコン内にあなたの写真の記録があるはずです。調べますから待っていなさい」と申請書を受け取ってくれませんでした。私は、決めつけるような言いぶりに戸惑い、苛立ちを覚えました。もちろんアイルランドは初めての地であり、当然、難民申請も初めてでした。しかも、私はルーマニア人ではないので記録なんてあるはずありません。何時間も待たされましたが結局写真は見つからず、事務所が閉まる夕方の時間になってしまったので、この日は諦めて知人の家へ帰りました。

翌日も受付に行ったのですが、昨日と同じ女性の職員が出てきて、同じことの繰り返しでした。何度も通って申請したいと訴えていると、別の職員が見兼ねて対応してくれました。

知人の家に長居するのも心苦しくなってきたので、受付の窓口で「私はお金もありません。どうしたらいいですか?」と尋ねると、難民申請者用のゲストハウスを案内され、そこに移り住みました。しかし、案内されたゲストハウスは、不衛生でひどい環境でした。また、難民申請はあっという間に不認定にされてしまいました。

その頃知り合った難民申請者から「アイルランド西部にあるゴールウェイという街でも、難民申請ができる」と教えてもらったので、バスのチケットを買い、ゴールウェイへと行きました。ゴールウェイでは、警察署が難民申請の受付窓口でしたが、拒絶されて、書類さえ見てもらえませんでした。

私は行く当てもなく、ゴールウェイの路上で一夜を明かし、翌日バスでダブリンに戻りました。生きていくためには仕事をするしかなく、持っていたフランスの偽造パスポートをIDとして使って、ハンバーガーショップで働き始めました。しかし、アイルランドでも働いた分だけの給料を払ってもらえませんでした。社員に「給料が少ないと思います。私はもっと働いています」と訴えましたが、社員は「そんなことはない。記録された通りに払っている」と取り合ってもらえませんでした。他にも、ゴルフ場に併設されたレストランや、スーパーマーケット等でも働きましたが、職場環境はどこも同じでした。

アイルランドでもささやかな楽しみは、やはり図書館で過ごすひと時でした。ダブリン市内の図書館に行き、好きな本を見つけては読んでいました。アイルランド語にも興味を持ったので勉強していると、図書館の職員が感心して、良い本やアイルランド語のCDやテープを色々と紹介してくれました。こうしたささやかな出来事が、私の心を慰めてくれました。

私は、2000年をダブリンで迎えました。ミレニアムのフェスティバルが開催されていて、街はきらびやかだったのをよく覚えています。明るく照らし出された光景を前に、難民として認めてもらえない、働いても十分な給料がもらえない生活で、大きなギャップを感じました。いつも以上にここにも自分の居場所がないことを痛感し、孤独感に苛まれ、アイルランドを出ようと思いました。海の先にはイギリスがありました。

居場所を求めてイギリスへ

2000年3月、私は、イギリスへとバスで向かいました。32歳でした。ダブリンで首都ロンドン行きのバスに乗り、ダブリン港からバスごとフェリーに乗って、イギリスの港町に上陸し、そのまま陸路でロンドンに向かいました。

ロンドンに着くと、安宿に4、5日滞在した後、難民申請をしました。難民申請後、すぐには公的な支援は受けられなかったので、手持ちのお金がなくなり、路上生活をしていました。その後、キリスト教団体が運営するシェルターに入って約2カ月間暮らした後、難民申請者のための宿泊施設に入ることができました。

難民申請してからしばらくすると不認定となりました。不認定になると、難民を支援する組織から〝section 4サポート〟(1999年移民法4条による保護)を受け、宿泊所の提供や、食料バウチャーの支給を受けることができました。食料バウチャーは2001年からは現金支給となり、2週間に1回支給を受けにオフィスに行っていました。

イギリスでは、イギリス人女性との出会いがあって、交際するようになりました。そのうち、交際相手がいることを支援先が知り、交際相手の個人情報を詳しく説明するように求められました。私は、彼女の承諾もなくプライバシーについて詳しく答えることをためらい、詳しい説明を断ると、ソーシャルワーカーから「支援を打ち切ります」と言われ、指定の宿泊所にいられなくなりました。２００2年に入ってからのことです。ゲストハウスを出た後は、しばらく交際相手のところで生活していました。しかし、無国籍で難民申請者の私は、正規に仕事もできず、難民認定されるかどうか不透明な境遇だったので、二人で生きていく見通しもたたず、交際し続けることは難しくなりました。結局彼女とは別れ、また路上生活に戻りました。

その後は公園や民家の軒先で雨風をしのいで暮らしていました。「働いてはいけない」と言われていましたが、法律上雇えない人を雇うところは存在したので、イギリス人のガーデニングの世話や、ビルの建築現場での肉体労働、塗装作業など人づてに紹介してもらったものを何でもしました。仕事は不定期で、単発的なものが多かったです。仕事が無いときは、慈善団体が主催する食事の支援を受けたり、商店から余り物をもらったり、一般人のボランティアの人たちからの食事支援などを受けて、なんとかやり過ごしていました。

空き家でも生活しました。タワー・ハムレッツ区という地域には、その当時約３５００軒もの空き家が廃墟になっていて、行き場のない外国人がたくさん住んでいたので、私もそこで生活しました。

私と写真

私は、ヨーロッパを移動している間、よく写真を撮っていました。旧ソ連を出たときは、父の所有していたカメラを持っていたのですが、旅の途中で盗まれてしまいました。その後は、手軽なフィルムカメラを購入して、写真を撮りました。特に、ロンドンに来てからは、毎日、自分が目にした珍しいものや心にひっかかったものなどを撮影していました。ロンドンの通りにはよくゴミが捨てられていて、あるとき、道端に落ちている新聞の見出しに"I feel used"(使い捨て)と書かれた記事が目に入りました。私は、これまでいろいろな場所で仕事をしてきましたが、いつもきちんと給料を支払ってもらえず、他人に利用されているように感じていたので、その新聞記事を見たときに「私みたいだな」と思い、思わず写真を撮りました。そんな風にして日々自分が目にしたものを撮りためていました。あるとき、オーストラリア人の写真家と知り合い、私の写真を見せると、興味を示されました。彼は、私の写真が気に入ったようでした。彼が暗室を借りて、私たちは私の他の写真も現像しました。私は、グルジアにいた当時、暗室で写真を現像したことがあったので、訪れた先々でも機会があれば、写真を現像しました。オーストラリアの写真家は、たくさんある私の写真の中からいくつか選んで、私の写真展を開きました。全て段取りを組んで準備してくれたので、私はただ、写真を提供しただけでした。

▲イギリスでの私▼

2006年以降二度目のロンドン滞在時に支援を受けていた教会にて（教会関係者撮影）

2000年以降一度目のロンドン滞在時（上はバービンカン・センター近く。右は大英博物館前。モルドヴァのアレックス氏撮影）

その後、私は、同じように廃墟で暮らしていた別のフランス人の写真家から頼まれて、写真のモデルになったこともありました。彼が撮った私の写真は、ロンドンにある芸術大学の構内のギャラリースペースで展示されました。

絶望した不服申し立て手続

難民不認定の結果を受けた後は、すぐに不服申立てをしました。この手続では、弁護士に相談して無償で担当してもらいました。不服申立ての審理手続では、全部で3人の弁護士に代わる代わる事件を引き継いで担当してもらいました。

一人目の弁護士は、インドかスリランカ系の女性の弁護士でした。何度か打ち合わせをしに事務所に行ったのですが、その後パキスタン系の男性弁護士に引き継がれました。

それぞれの弁護士に、グルジアやアルメニアという国の話をしましたが、国がどこにあるのかよくわかっていない様子でした。政治的にどんなことがあったのか話しても、話が通じませんでした。弁護士たちと話していても、自分の話を真剣に聞いてくれているとは思えないことが多く、よく説明もせずに何かの書類にサインするように促されることもあって、どんな書類なのかを確認すると、担当弁護士が公的な支援を受けるための必要な書類のようでした。

こんなやり取りをして、審理の当日を迎えました。弁護士と約束した時間に待ち合わせの場所に行くと、これまでやり取りをしてきた男性弁護士はどこにも見当たらず、そこにはアフリカ系の黒人の女性がいて、「あなたがトロシアン・ルーベンさんですか？　私があなたの新しい弁護士です」と声をかけられました。

驚いて「私はルーベンですが、あなたが私の弁護士とはどういうことですか？　私は、別の弁護士に担当してもらっています」と答えると、「彼はやめました。あなたには定まった住所がなかったので、事前に知らせることができなかったのです。ところで、今日これから審理がありますよね。そこで、あなたは精神障害があると言ったほうがいいと思います。実際は違うというのはわかりますよ。でも、精神障害があるふりをして、それが認められれば、人道上の特例によって、強制送還を逃れることができるのです。私が担当している別のケースでも、そうやって強制送還を免れた人たちがいます」と言われました。

初めて会って5分もたたないうちに、精神障害があるふりをしろと一方的に言われて、とてもショックを受けました。私はすぐに「そんな嘘はつきたくないです」と拒否しました。

しかし弁護士は「アフリカ系の難民申請者たちはみな、この手を使っています。あなたも使うべきよ」と当然の手法であるかのように強弁しました。

「たしかに、あなたの言う様に振る舞えば、人道上の特例が得られ、強制送還はされないかもしれません。でも、その戦術だと、その後イギリスで仕事が出来なくなってしまうのではないですか？　あるいは、精神病院のような施設に強制的に閉じ込められるようなことはありませんか？　人道上の特例を取るためだからといって、私は嘘をつきたくありません。私は難民です。難民として認めてもらいたいのです。あなたが言っていることは、問題のすり替えにすぎません」と自分の思いと考えを主張しました。彼女は信じられないというように手をあげて「時間です、行きましょう」と言い、審理の場所に向かいました。

裁判官が現れると、審理を始める前に「そこにいるのはあなたの代理人ですね」と確認されました。

私は裁判官に「この人には、先ほど5分前に会ったばかりです。それなのに、精神障害者のふりをしなさいと言われました。私は、この人に担当してもらいたくありません。弁護士はいりません。自分の弁護は自分でやります」と訴えました。

裁判官は、私の主張に驚きながら、愉快そうに笑って「いいですよ、自分で弁護するのですね」と確認してくれました。弁護士の提案もわかりましたが、私も自分の一生がかかっていて、真実に基づいて難民認定を受けたかったので「はい」と答えました。その場にいた弁護士は、みるみるうちに顔が真っ赤になって、出て行きました。

結局、イギリスでの難民申請と、それに続く不服申立ての手続は合わせて4年以上かかりましたが、難民認定は受けられませんでした。私にとっての救いは、「アルメニアに強制送還すべきであり、そのために収容施設に収容すべきである」という国側の主張も認められなかったことでした。強制送還できない理由は、自分にアルメニア国籍があることは証明されなかったからだと思います。裁判官は審理の決定を下したあと、諭すように「あなたのケースは、勝訴の可能性があります。良い弁護士に依頼することができれば、あなたの望む結果を得られるかもしれません。良い弁護士を見つけなさい」と言いました。

私はそんなことは十分にわかっていたので、「私には良い弁護士を雇えるようなお金がありません。これまでも、無償で3人の弁護士たちが関わってくれましたが、彼らは全く役に立ちませんでした」と訴えました。それでも裁判官は「諦めずに頑張りなさい」と言いました。

私は、無性に腹が立ちました。イギリスだけでなく、これまでドイツやノルウェーでも無償で仕事をしてくれる弁護士には出会ってきましたが、どの弁護士も結局のところ、役に立ちませんでした。お金もないのに、どうやってよい弁護士を見つけたらいいのか？　まるで、無理難題を突き付けられたようにしか聞こえませんでした。そこまで言うなら、裁判官が助けてくれればいいじゃないか。自分を難民として、認めてくれればいいじゃないか！　と心底思い、受け取った決定書をくしゃくしゃにして、ゴミ箱の中に放り捨ててしまいました。

私は「こんな国もうまっぴらだ。イギリスを出て別の国へ行こう」と決意しました。

そんな日々を過ごしているなか、eメールで連絡をとっている人たちの一人で、スペインで出会ったペルー人がロンドンまで私を訪ねて来ることがありました。そのペルー人は、私がスペインを出国した後も、スペインで正規の在留許可を求めてスペインにとどまっていたのですが、その後スペイン政府が外国人たちに恩赦を出して、スペインでの在留資格を取得したという話をしてくれました。「やっと、世界中を飛び回れるよ」と彼は嬉しそうでした。私は、彼をうらやましく思いました。彼の話を聞いて、あともう少しスペインにいたらよかったのか、運が悪かった…と出国したことを後悔し、少しでも可能性があるのならと思い、私も在留許可の申請をしてみようとスペインに向かいました。

可能性にかけて再びスペイン、フィンランドへ

イギリス・ロンドンからスペインのセビーリャに向かいました。さらにバスでマドリードへ向かい、マドリードで数週間滞在して、在留許可の申請を試みました。しかし、申請手続は大変な混雑で、昼も夜も大勢の人が長蛇の列を作っていました。列には家族で並んでいる人たちがいて、そうした人たちは用事があれば誰かを待たせて列を離れても順番を確保できます。しかし、私はたった一人で並んで待っていたので、トイレや食事などに出ようと思うと列から離れ、また後列に並ばなければなりませんでした。申請は期間が限られており、あまりにも長く待たなければならなかったので、私はあきらめざるを得ませんでした。

一方で、その頃フィンランドでは法律が改正されて、8カ月間滞在して犯罪を犯していなければフィンランドでの在留許可が与えられる、そして、5年後にはフィンランド国籍が得られるというニュースをインターネットを通じて知り、フィンランドに向かうことを決めました。

2005年、37歳の時でした。

マドリードから飛行機でスウェーデンのストックホルムを経由して、フィンランドの首都へ

ルシンキへと渡りました。

このとき、以前使用したフランス人名義のパスポートは、預けた先の知人宅で紛失していたので、新たにギリシア人名義の偽造パスポートを購入して、飛行機に乗りました。

ヘルシンキに着くと、難民申請の受付場所だというヘルシンキ警察で難民申請を行いました。

イギリスへの強制送還

ヘルシンキ警察で難民申請した後、そこから車で約40分走った森の中にある移送センターに移されました。しかし、そこにいた間に「あなたのケースは審理されません」と告げられました。その理由は、ダブリン規則*の加盟国間では、難民の審査は当該難民が最初に入国した加盟国で行われることになっているからだと説明を受けました。そこで約2カ月間過ごした後、フィンランドの当局からトラベルドキュメントが発行され、イギリスに強制送還されてしまいました。私が期待していた8カ月滞在後の在留許可の取得は、正規に入国した場合であり、私のような偽造旅券で入国したケースには適用外であるとのことでした。

＊庇護申請が申し立てられた場合、その審査に責任を持つ国を決定するためのルール。原則として、難民としての庇護を求めるものは、最初に到着したEU加盟国で申請を行い、審査が実施される。その後、他国に移動して難民申請をしたとしても、審査はなされず、責任を持つ国に移送されることになる。

私は「イギリスには戻りたくありません」と訴えましたが、聞き入れてもらえませんでした。それでも、何とか飛行機に乗らずに済むよう、係員にあれこれ言っていると、「それなら、人が乗る旅客機ではなく、荷物専用の貨物機に載せてやろうか」と脅されたので、断念して旅客機に乗りました。席に座ると拘束具は解かれ、両隣に座っていた護送官もうるさいことは言わなくなりました。

２００６年、ロンドン・ヒースロー空港に到着すると、空港の職員に連れられて空港内にある施設に収容されました。

職員からは「あなたはこのままではここを通れない。難民申請をしなさい」と言われました。「私は難民申請をして不服申立てまでしました。それでも認められなかったから、フィンランドに行ったのです。難民申請してどうなると言うのですか！」と反論しました。

そして、待合室のような場所で椅子に座らされたまま丸３日間、昼も夜もなく、ただ難民申請するように説得が続きました。フィンランドからイギリスに送還されて疲れ果てていたのに、寝る機会も与えられませんでした。灯りが煌々とする部屋で、座りながらうつらうつらしてくると、24時間監視カメラで監視されていたので、職員が「サインするまで寝るな！」とわざわざ起こしに来ました。丸３日間、寝かせてもらえませんでした。食事も初日は全く与えられず、お腹がすいて何度か「食べ物を下さい」と言うと、２日目に係官の一人がサンドイッチとスープを持ってきてくれました。

３日目になると、私は根負けして難民申請に同意しました。申請書を書き上げて出すと、職員から「この申請内容は前と同じだから駄目だ。内容を変えなさい」と言われました。

私は疲れ果てていましたが「嘘を書くことは出来ない」と強く抵抗すると、そのまま受理されました。これで解放されるのかと思ったら、その後すぐに難民申請は不認定となりました。不認定になると「アルメニアへの強制送還に対する同意書面」へのサインを求められました。私は、投げやりになって、やむなくサインしました。以前もアルメニアへの強制送還は認められなかったので、どうせサインをしてもアルメニア国籍がないのだから、アルメニアに強制送還などできるわけがないと思ったからです。予想通り強制送還はされず、ヒースロー空港のターミナルの中にあった収容施設に収容されて、そこで数週間滞在した後にポーツマスにある退去強制センターに移されました。

ポーツマスにある退去強制センターは、退去を命じられた外国人たちが収容される場所でした。そこには、ヒースロー空港内の収容施設にもありましたが、ジム、音楽室、美術室、図書室やコンピューター室などがそろっていました。私はここで、ギターやピアノを弾いたりして過ごしました。食事も提供され、センターにいると飢えることはありませんでした。その施設の中では、ソーシャルワーカーと何度も面談をしました。

あるとき、ソーシャルワーカーから「フィンランドに行く前、ロンドンのどこに住んでいたの？」と尋ねられました。「私はホームレスでした。空き家に住んでいたこともあります」と答えると、「その空き家の住所を書けば、ここから出ていける」と言われました。この人は、私を収容施設から追い出したいのだな、と直感しました。

そして、ソーシャルワーカーは「あなたを強制送還することはできない。あなたには帰る国がない。あなたは無国籍でしょう」と言いました。私は、空港で強制的に難民申請をさせられましたが、その後すぐに不認定となりました。強制送還に同意させられ、強制送還されることなく退去強制センターに収容された上に、今度はセンターから出そうとする、そんな国の都合を全面に押し出した一連の対応に、心底うんざりしました。

「私はこの施設から出たくないです。ここに居たいです」と答えると、そのやりとりを聞いていた警備員が「お前、ここをホテルか何かと勘違いしているんじゃないか？」と会話に割り込んできました。

ソーシャルワーカーは「では、あなたを受け入れてくれる慈善団体を紹介しましょう。推薦状も書いてあげます。そこに向かう鉄道の切符も準備します。その施設には、事前に電話もしておいてあげます」と言い、その場でどこかに電話をかけ始めました。「ルーベンさんという方がそちらに伺います。面倒を見てやって下さい」と話しているのが聞えてきて、私は望んでいないのにここから出なければならないのかと落胆しました。

ソーシャルワーカーが、行き先の手配と準備を整えた後、私は出ていくように促されました。従うしか術はありませんでした。受入先という慈善団体の施設へ向かうための地図、推薦状、切符、そして当面の間の小銭５ポンドを受け取り、センターを出て慈善団体の施設へと向かいました。

この慈善団体の施設は、教会に併設された救世軍のような施設でした。しかし、慈善団体の施設に着くと、その施設の職員からは「ここは人が滞在する施設ではありません。そもそも、あなたの話など何も聞いていません」と言われて、施設から追い出されてしまいました。私は、結局騙されて路上生活に戻ってしまいました。

サバイバル仲間との再会

ポーツマスの退去強制センターを出てから路上生活を送って約2カ月経った頃、慈善団体の炊き出しの場で、偶然にも、フィンランドに行く前にかつて一緒に過ごしたことがあるアイルランド人、チェコ人、オランダ人の知人３人と再会しました。彼らは、地下鉄カナダ・ウォーター駅近くの空き家に住み着いていたので、私もそこに合流させてもらいました。その後は、空き家になっている廃墟を転々としながら生活していました。

廃墟に住むようになってから、そこを拠点に仕事を始めました。レスター・スクエアの劇場入口で看板を持つような仕事のほか、様々な仕事をしました。しかし、いつものように働いても給料をもらえなかったり、約束した金額よりも安かったり、最低賃金より低い金額しかもらえないことが当たり前のように続きました。

屋内フリーマーケットの掃除の仕事をしていた時は、給料をもらう度に金額が減っていきました。ある民家の家主から家の塗装の仕事を受けた際には、最初は50ポンドの約束で引き受けましたが、いざ支払いの段になると、家主は子供がいてお金がかかる等の理由を並べて渋り、結局20ポンド位しかもらえないこともありました。

ナイトクラブのチラシを配る仕事や、劇場入口で看板を持つ仕事をした時には、1週間仕事をしたのに、約束したお金を全く払ってくれないこともありました。

この当時、給料の未払いについて、お世話になっていたホームレスの支援団体を経由して、無料で弁護士に相談したこともありますが、「そもそも、あなたは就労が禁止されているので、仕事をしてはいけないのです」と問題をすり替えられて、何の解決にもならず、落ち込んだこともありました。

長姉からのロシア国籍取得の提案

あるとき思い立って、長姉ラリサに電話をしました。イギリスで知り合った知人の家で、電話を借りて国際電話をすると、不在で話すことはできなかったのですが、その後しばらくしてから、ラリサがその知人の電話番号に連絡をしてきたので、久しぶりにラリサと話すことができました。ラリサとはフランスにいたときに電話で話して以来だったので、約10年ぶりでした。

イギリスでホームレスになっていることを正直に伝えると、ラリサは「ロシア国籍を申請したらどうか」と提案してくれました。プーチン大統領になってからは、無国籍の人でも旧ソ連で兵役を務め、かつ、ロシアにロシア国籍の親族等が居住していれば、ロシア国籍の取得を申請できる制度ができたことを教えてくれました。ロシア国籍を取れるなら取りたいと思ったので、その後はメールやスカイプで連絡を取るようになりました。

私は、このままイギリスで暮らしていても先の見通しがつかないし、ここまでいろんな国を渡り歩いてきてもどうにもならなかったこともあって、心底疲れ果てていました。それに、この頃交際していたイギリス人女性と同居もしていて、結婚できたらと考えるようにもなっていました。しかし、在留許可も仕事もなく、婚姻届を出すにも旅券などの身分証明が必要でした。ラリサの提案は実現できるなら人生が変わると思いましたが、すぐに実現するわけでもなく、結局この女性とも別れることになりました。

ロシア総領事館での見えない壁

２００７年頃、39歳のとき国籍取得の手続を進めるために、ラリサからロンドンにあるロシア総領事館に行くように言われたので、そこへ行き、国籍取得の手続をしたいと申し出ました。その時、条件としてロシア語の言語能力と無国籍であることが必要であると説明を受けました。

ロシア語の言語能力については問題ありませんでした。しかし、無国籍であることの証明が必要だと言われてもどうしたらよいのかわかりませんでした。職員からは「あなたはイギリスにいるのだから、まずはイギリス国籍が無いことを証明する書類を取得するように」と言われました。更に〝身元を証明する書類〟、たとえば自分の名前や両親の国籍等を証する書類が無いと国籍の取得ができないとも言われました。

総領事館で言われたことをラリサに伝えると、ロシア・モスクワ在住のラリサが、イギリスまで必要な書類を持参してくれることになりました。実に約14年ぶりの再会でした。ラリサから、旧ソ連時代の国内移動旅券、両親のロシアパスポートの写し、ラリサ自身のモスクワの住所証明などを受け取り、手続をするためにラリサと一緒に総領事館に行きました。

ところが、総領事館の係官は、前回とは担当者が変わっていて、「イギリス国籍が無いという証明書」「グルジア国籍が無いという証明書」に加えて、「ロシアに潜り込もうとしているスパイである可能性も否定できないため、グルジアやロシアを離れて以降、いつどこで何をしていたのか、イギリスに来てから、いつどこで何をしていたのか、誰があなたを支援してきたのか、これまでのいきさつを説明した書面」を提出するように指示されました。こうした書類の提出がなければ、国籍取得の申請は受け付けないと言うのです。

国籍がないという証明書に加えて、これまでの経緯を説明する書面を作成して出すように言われ、途方に暮れました。そのうえ、イギリスやグルジア政府が、国籍がないことの証明書を簡単に出してくれるとは思えませんでした。さらに、係官はラリサに席を外させたうえで「ロンドンには、多くのロシア人が滞在していますが、中には、ロシアパスポートを無くした、盗まれたと言って来る者たちがいます。こうした紛失パスポートの行方について、私たちは関心を持っています。ロンドンの某地区に、こうした情報に通じている男がいます。この男は、紛失パスポートの行方を知っているようです。あなたは、一度この男に会いに行って話を聞いてきてくれませんか？　もし協力してくれるのであれば、あなたの力になれると思います」と言ってきました。

私は話の内容に驚きましたが、国籍がもらえるならやってみようかという気になり、総領事館を出てからラリサに係官の提案を伝えると「どうして領事館の職員はその男に直接会いに行かないの？　そんな仕事を引き受けたらまた別の危険な不法な仕事をさせられてしまうのではないかしら？　もっと危険な目にあうかもしれない。やめたほうがいいわよ」と反対されました。私は、確かにラリサの言うことはもっともだなと思い直し、係員からの提案には応じませんでした。

ロシア大統領に宛てた手紙

ロシア総領事館で国籍取得の申請を受け付けてもらえないまま、ラリサはロシアに帰りました。2007年11月、ラリサはモスクワに戻ると、私のロシア国籍取得のために、大統領に宛てて手紙を書いてくれました。

「ロンドン在住の弟トロシアン・ルーベンのロシア連邦国籍取得に関して
尊敬するロシア連邦大統領！　私並びに私の両親はロシア連邦の市民です。母親はクラスノダール地方出身のロシア人です。ソビエト連邦の崩壊後、私の弟トロシアン・ルーベンは（生まれ故郷で学校を卒業した）トビリシを後にして外国へ移住しました。グルジアのパスポートは持っておりません。彼が現在も持っているパスポートはＵＳＳＲ（旧ソ連）のものです。過去7年の間、彼はロンドンにおいていわば、無国籍状態で滞在しております。彼はロシア連邦の国籍を取得したい希望を持っており、ロシア連邦の現行法に基づいてその権利を有しているものと思います（法律の規定では、両親の片方がロシア市民であるとの条件を満たせば無国籍の者あるいは他国の市民は簡単な手続によってロシア国籍を取得できる）。
外国に滞在している者として、彼の国籍取得問題は英国のロシア連邦総領事館が解決するものと思います。しかし、総領事館は、国籍取得申請はグルジア大使館に属するものとしており、そのグルジア大使館はいかなる書類の提出すら拒否しております。私自身ロンドンへ出向いて総領事館のスタッフに面会しましたが、無駄足でした。
ロシアに戻る人たちにとっては、ＵＳＳＲのパスポートは有効ですが、外国居住者の場合は無効になります。ということは弟の場合、身分証明書を有していないことになります。その一方で両親の身分が明記されている出生証明書があります。両親はロシアの居住者です。本当に解決不可能な問題を提起しているのでしょうか？　ロシア人同胞の引き揚げに関するロシア連邦大統領令があります。ロシア市民の両親を持つ一人の人間がおります。しかし、国籍取得の不可能な状態が継続しております。申請すらできない状態です。

大統領閣下、この問題を解決してくださるものと伏してお願い申し上げます」

その後、ラリサはロシア連邦大統領府市民課から、陳情書が外務省に送付されたという返信を受け取りました。

「ロシア連邦大統領宛ての貴方陳情書を検討した結果、２００６年5月2日付「ロシア連邦市民からの陳情に関する」連邦法ＦＺ59の、８条3項に基づいて陳情書は本件の所管機関であるロシア連邦外務省に送付されたことを通知します」

さらに、ラリサはロシア連邦外務省から次のような返信を受けました。

「尊敬するラリサ・セルゲーヴナ

ご兄弟のトロシアン・ルーベンのロシア国籍取得に関するロシア連邦大統領府宛の貴方陳情書は英国のロシア総領事館に送付されたことをお知らせします。総領事館による書簡検討の結果をトロシアンR. S. に通知することを要請しております」

2008年1月に、ラリサからこれらの手紙を添付したeメールが届きました。

「ハーイ、ルーベン！　添付したファイルで、あなたは大統領に送った私の手紙、大統領の行政当局からの回答、外務省からの回答を確認することができます。領事館に行く時に、これらの手紙を印刷して持って行きなさい。彼らがあなたのケースを考慮するには、時間がかかります。あなたに連絡するため私の携帯電話番号を彼らに伝えなさい。あるいは、彼らに私のeメールに情報を送るように伝えなさい」

ロシア国籍が取得できない

私は、再びロシア総領事館を訪れて、ラリサから受け取ったこれらの手紙のことを尋ねました。領事館の係員は「その手紙は受け取りました。将来はさておき、現在グルジアとロシアの関係は悪いのです」と言って、それ以上ロシア国籍の取得手続は進みませんでした。

一方で、以前、提出するようにと言われていた、無国籍の証明書の取得も試みていました。まず、イギリスのビザ移民局に行き、事情を説明して「私がイギリス国民ではないという証明書を出してもらえませんか」と尋ねましたが、職員には「確かにあなたはイギリス国民ではありませんね。ただ、そのような書類は出していません」と断られました。次に、在ロンドンのグルジア大使館にも行きました。ロシア国籍を取得するために、ロシア大使館から提出を求められているので「グルジア国民ではないという証明書を出してもらえませんか」とお願いしました。グルジア大使館の職員からは「あなたは何も書類がないので、本国に確認をするのに時間がかかります。ただ、最短だと6カ月で何か出せるかもしれません」と言われたので、半年後に大使館に行きました。しかし、「確認できない」と言われ、その後も2、3カ月おきに大使館に進捗状況を確認しに足を運びましたが、結果は同じでした。

この当時私はホームレスの支援団体にほぼ毎日のように顔を出していたので、支援団体の職員にこうした状況を嘆いたことがありました。その時、職員は「大使館では、あなたが〝オフィシャルな人間〟でないから、手続が遅いのでしょう。私達のような〝オフィシャルな人間〟が行けば、手続が早まるかもしれません」と言いました。

〝オフィシャルな人間〟という言葉が鼻につきましたが、それならと思って、グルジア大使館との折衝については、支援団体を経由して依頼したケースワーカーに担ってもらいました。しかし、結局、証明書は手に入りませんでした。

ロシア総領事館でのやり取りについては、ラリサにもメールで結局うまくいかないと伝えました。ラリサからは「ロンドンでビジネスをしたらどうかしら？　お金を渡すから、パブを開きなさいよ。私が投資するから、あなたがマネージャーとして働けないかしら」とも言われました。しかし、これまで約10年間イギリスで過ごしてきましたが、在留許可がないまま店を開くことなど不可能でした。私は、ラリサの考えは的を外れていると思い、姉からまた見放されたように感じました。

アジアへ希望を抱き日本へ

イギリスにいてもどうにもならない、ヨーロッパにいてもどうにもならない。私の視線は、アジアの国に向かっていきました。

韓国、日本などについてインターネットでいろいろ調べるようになり、韓国でも日本でも難民申請ができることを知りました。「abandoned places, Japan」（日本の廃墟）で検索してみると、新潟県に「新潟ロシア村」という廃墟があることを知りました。画面上に、美しいロシア正教会の建物が現れると、懐かしい気持ちが込みあげてきて、まるで「いらっしゃい…」と私のことを呼んでいるような気がしました。

私は、次の目的地を日本、新潟県、新潟ロシア村と定めました。そう決めると、日本語を勉強しなければと意欲が湧いてきたので、本を買って日本語を毎日勉強して準備を始めました。日本に行くには、パスポートも必要になるので、ブローカーからスペイン人名義の偽造パスポートを購入しました。私は、イギリスでの長い滞在に終わりを告げて、２０１０年5月、日本へと向かいました。私は42歳になっていました。

第4章　日本での難民申請手続

難民申請手続のインタビューが始まる

２０１０年7月下旬、横浜にあるシェルターに入居して約1カ月半が過ぎた頃、ルーベンさんは東京入管の難民調査部門から呼び出しを受けた。難民申請に関する面接のためである。シェルターの最寄り駅から東京入管の最寄り駅である品川駅までは、電車を乗り継いで約1時間。往復の交通費は約１０００円だ。公益財団法人アジア福祉教育財団・難民事業本部（ＲＨＱ）で支給される一日分の保護費は１５００円なので、入管までの電車賃だけで一日分の２／３を使うことになる。そのうえ品川駅から都営バスに乗るとほとんど残金がなくなってしまう。交通費を少しでも浮かせるために、約30分歩いて入管に向かった。

インタビューにはロシア語の通訳人が同席し、窓のない狭い小部屋で朝から晩まで、難民調査官からたくさんの質問を受けた。

質問内容は、日本に来る前に滞在していたイギリス、それ以前に滞在していた国でどのように生活していたのか、それぞれの国で過ごした期間、滞在資格、難民申請をしたかどうか、その結果など多岐にわたる。家族や職歴、旧ソ連・グルジアで生活していた当時の逮捕歴、旧ソ連が崩壊した後の逮捕歴や暴行を受けたかどうかも確認された。しかし、質問に関連した事柄で、当事者として理解してもらいたいと思う事を話そうとすると、「それは聞いていません」とか「それは必要ありません」と遮られて、聞いてもらえないこともしばしばだった。

面接の終わりには、難民調査官が作文した供述調書を読み聞かせられ、内容に間違いがなければ最後に署名するように言われた。とはいえ、内容を読み聞かせられても、自分がわかってもらいたいと思っていることが十分に伝わっているとは思えなかった。

初めてインタビューを受けてから約2カ月の間に、3回呼び出しがあり、合計4回のインタビューを一人で受けた。いつもだいたい朝早く入管に行き、終わって外に出る頃には日が暮れていた。

日本の難民申請手続では、申請者は一人で面接を受ける。弁護士が申請者の代理人としてついたとしても、原則面接には立会いが認められない。申請者は誰の助けも得られずに、長時間、質問に応答する必要がある。

ルーベンさんには、自分の身分を示す公的な文書が何もなかった。そのため、当時面接を担当した難民調査官は、彼の出自を懐疑的に見ていた。

「あなたは、実は、かつて「ジプシー」とも呼ばれたロマ人ではないですか」

「いいえ、違います」

「あなたがロマ人かアルメニア人かを区別できるものは何かありますか」

「何もありません」

「あなたが難民認定申請をしに来た際に、ギターを抱えて窓口に来ていたのが目撃されています。そのギターは何に使うのですか」

「単に私の趣味として持ち歩いていただけです」

「弾き語りをしているのではないですか」

「そういうためのものではありません」


難民調査官は、ギターを抱えて入管にやって来たルーベンさんを不審に思っていたのだ。助けを求める難民であるならば、ギターなど持ち込むはずがない。そうした固定観念から判断しているのが透けて見えるようだった。

不法入国の疑いで退去強制手続が始まる

ルーベンさんは難民申請をした時に、真正な旅券で入国していないことを正直に告げていた。そのため、入管は不法入国に該当する疑いがあるとして、難民申請を受理すると同時に退去強制手続についても立件した。難民が日本に偽造旅券で入国した場合、難民申請に関する面接とは別に、退去強制に関する面接も受けなければならない。退去強制に関する手続も入管で行われるので、難民申請者は、難民申請に関する面接と、退去強制に関する面接を、同じ入管で受けることになる。たくさんの供述調書が作成され、申請者は、どちらのインタビューで何の話をしたのかわからなくなり、混乱することも多い。

退去強制手続では原則として、「違反調査」、「違反審査」、「口頭審理」と三段階の審査を経て、最終的な決定が出る仕組みになっている。その段階ごとに、質問をする職員が別の人にかわる。退去強制事由に該当することに間違いがないと決定されれば、原則として、退去強制令書が出される。この命令が出ると、本人の意思に反して、強制的に日本の領域から国外に送還することが可能になる。

ただし、難民申請者については、その審査手続がなされている間は、強制的な送還は停止されることになっている。日本が1981年に加入した難民条約は「難民を、いかなる方法によっても、人種、宗教、国籍もしくは特定の社会的集団の構成員であることまたは政治的意見のためにその生命または自由が脅威にさらされるおそれのある領域の国境へ追放しまたは送還してはならない」と定めているからだ。これを「ノン・ルフールマンの原則*」と言う。

難民申請に関する面接を終えて数カ月経った後、ルーベンさんは、今度は、退去強制手続に関して呼び出しを受けた。この時も、ロシア語の通訳人が同席して、窓のない小部屋で、入管職員からたくさんの質問を受けた。「違反調査」の段階で6回の面接が行われ、「違反審査」の段階では1回、「口頭審理」の段階で1回、合計8回の面接を受けた。難民調査の時と同じように、いつも朝早くに呼び出され、終わる頃には夜になっていた。

退去強制手続では、国籍についてもたびたび確認を受けた。

「あなたの家族の国籍はどうなってるんですか?」

「家族は全員ロシア国籍を持ってます」

「そしたら、あなたもロシア国籍が取れるんじゃないですか?」

「はい、そう思って、ロシアやイギリスでも国籍取得をしようとしましたが認められませんでした。ロシアはカフカス地方と関係がよくないので、認めてくれないんです」

「日本のロシア大使館では手続したんですか?」

「してないです」

「どうして?」

＊2023年の改定入管法では、送還停止効に変更が加えられ、3回目以降の難民申請者は、相当な理由を示さなければ、申請中でも強制送還が実施可能となった。また、3年以上の拘禁刑の受刑者など一定のカテゴリーに属する者については、1回目の申請中であっても強制送還が可能となった。難民保護がますます厳しくなるのではと懸念されている。

「私は、日本で難民として認めてもらいたいんです」

「でも、ロシア国籍を取れば旅券も作れるでしょう？　今よりもっと安定するでしょう」

「国籍を取ることは、そんな簡単なことではないんです」


インタビューした入管職員は、ルーベンさんの回答に納得しかねているようだった。家族が皆ロシア国籍ならロシア国籍を取れて当然ではないか、という考えがあるようだった。それに、国籍を取得していないことを責められているようにも感じる言いようだった。ロシアでも努力し、イギリスでも、あれほど頑張って取れなかったのだ、日本ですんなり国籍が取れるわけがない。まるで、パンがないならクッキーを食べればいいじゃないと言われているかのようで、ルーベンさんは無性に腹が立った。

「もし、日本での在留が認められなければ、あなたを日本国外に送還しなければなりません。通常であれば国籍国に送還するのですが、あなたの場合、国籍国がないでしょう？　あなたはどう考えているのですか？」

「日本で難民として認められなかったら、韓国で難民申請をしたいです」

「韓国で難民申請をするのは自由ですが、日本は韓国には送還しないと思いますよ」

「どうしてですか」

「法律で決まっているんです。いいですか、強制送還する国は普通は国籍国です。でもあなたにはそれがないという。国籍国に送還できない場合には「本人の希望により、いずれかの国」に送還することになっています。「いずれかの国」というのは、「日本に来る直前に住んでいた国、日本に来る前に住んだことのある国、生まれた場所が属する国、その他の国」なんです。韓国は、住んだこともないでしょう？」

「そうだとしても、私はグルジアには帰れません。グルジアでは、グルジア以外の民族だからといって、拳銃を頭に突き付けられたり、たくさんの嫌がらせを受けたからです。絶対にグルジアには帰りたくないです。どうしても送還するって言うんだったら、私の希望は、韓国、北朝鮮、ベトナム、ロシア、フィンランド、ドイツ、スウェーデンのどこかがいいです」

「あなたは、アルメニア民族ですよね。アルメニアには帰らないんですか？」

「アルメニアには行きません。たしかに私はアルメニア民族です。名前もアルメニア民族の名前です。でも、アルメニア語は話せません。アルメニア民族からは、そのことで「お前はグルジアの人間だろう」と言われ、ひどい嫌がらせを受けたこともあるんです」

ルーベンさんは、日本にはいられないことを前提に、強制送還の行き先を尋ねられたため、強い不安を感じた。入管の職員には、自分がこれまで受けてきた苦悩はまるでわかってもらえないようだった。グルジアにもアルメニアにも帰る場所はなかった。アルメニアは訪れたことはあっても、そこで生活したことはない。アルメニアに住むアルメニア人からすれば、グルジアに住むアルメニア人であり、「グルジアの人」だと言われた。ところが、グルジアでは「アルメニア人」だと言われて差別を受け、いつも危険と隣り合わせで生きてきた。どこにも安全な居場所がなかったから、国を出てきたのだ。そこに「帰れ」というのはあんまりだと思った。

「違反調査」が終わり、「違反審査」の段階に進むと、仮放免の許可を受けた。


仮放免*とは、退去強制手続がなされている間、入管に収容されることなく在宅で過ごしていてよいという入管からのお墨付きである。ただし、働いてはいけない。移動できる範囲にも制限があり、住所地の都道府県を越える場合、事前に許可を得なければならない。許可を得ずに移動してそのことが見つかると、最悪の場合、条件違反とされ、収容されてしまうことさえある。


その後、退去強制手続の最終段階である「口頭審理」も行われた。そこでも、退去強制の行き先について改めて確認された。

「これまでも聞いてきましたが、あなたの希望する送還先はどこですか」

「1番が韓国、2番が北朝鮮、3番がベトナム、4番が中国、5番がフィリピンです。それがだめならブラジル、アルゼンチン、パナマ、ウルグアイです。アフリカ、南アフリカでもいいです。ロシアは一番最後です」

「真面目に答えてください」

「真面目です」

入管の職員は、ルーベンさんがふざけていると思ったのかもしれない。しかし、ルーベンさんは、大真面目だった。これまで、ルーベンさんが訪れた国々では、難民として受け入れてもらうことはできなかった。難民として認められずに手続も尽き、身の危険を感じたり生活に困窮したりするたびに、移動を繰り返して何とか生きのびてきたのだ。そして、生きていく希望の地として、日本まではるばるやってきた。日本でも難民として認められないなら、少しでも難民として認められる可能性があるであろう、これまで行ったことのない国へ行くしかない。そんな思いだった。

こうして、退去強制手続に関する面接は全て終了した。その後、難民不認定処分がなされるまでに、そう長く時間はかからなかった。

錯綜する国籍国の認定

入管は、ルーベンさんの国籍国を、最終的には「無国籍」と認定した。しかし、当初から「無国籍」と判断していたわけではなかった。

＊２０２３年の改定入管法により、収容に代わる「監理措置」が新たに導入され、仮放免は健康上の理由に限定して運用されることになった。一方、監理措置は、民間の監理人を選任して、被監理者の生活状況の報告義務などを課すもので、民間人に監視を肩代わりさせるものとして懸念されている。

難民申請書の国籍の欄には、「無国籍」と記載した。どの国からも旅券は交付されていなかったし、国籍を証明する書類は何も持っていなかったからだ。ドイツやイギリスでも「あなたは無国籍だ」と言われた。ところが、入管の難民調査部門では当初彼の国籍を「アルメニア」と記録した。想像するに、当事者の言うままに「無国籍」と評価することには抵抗があったのかもしれない。また、ルーベンさんの難民申請書に民族としては「アルメニア民族」と書かれていたことから、アルメニアとしたのかもしれない。

また、シェルターのある自治体の役所で外国人登録手続を行い、国籍を問われた際にも、「無国籍」だと述べた。そして、「出身地は旧ソ連のグルジアです。ただ、旧ソ連は崩壊し、その後出国して、国籍はありません。民族としてはアルメニアです」と説明した。ところが、役所の窓口の係員は、「無国籍ではダメです。どこかの国を書かなければ受け付けられません」と頑な態度を示した。

係員は、国籍はあるのが当たり前で無いはずがないと思っていたのかもしれない。その結果、ルーベンさんの「外国人登録証明書交付予定期間指定書」の国籍欄には、「アルメニア」と記載された。ところが、約3カ月後に外国人登録証明書が発行されたとき、外国人登録証明書のカードの国籍等欄には、「無国籍」と表示されていた。ルーベンさんは、国籍の認定がころころと変わることを、不思議に思った。

入管の難民調査部門で、ルーベンさんの国籍の評価が変わったのは、2回目の面接が終わった後だった。難民申請から約3カ月後、難民申請者が手続を待つ間に付与される法的地位である「仮滞在許可」を不許可とする通知が行われたときに、ルーベンさんの国籍は「無国籍」とされていた。難民調査部門は、国籍国を「アルメニア」から「無国籍」に変更したことを、退去強制手続の調査第三部門にも改めて通報した。

入管の退去強制手続でも、当初の国籍は「アルメニア」とされていた。国籍の認定が変わったのは、違反調査が終わり違反審査に引き継がれた時である。それ以降は、「無国籍」とされて、退去強制令書にも国籍は「無国籍」と記載された。

難民不認定処分

難民申請してから約1年後のある日、ルーベンさんは、東京入管・難民調査部門から改めて呼び出しを受けた。入管からの呼び出しは、事前に目的を知らされないので、用件は行ってみないとわからない。その日ルーベンさんは、難民申請に関する結果の告知を受けた。通知書を受け取り、通訳を通して難民不認定との結果を知らされた。A4サイズの別紙には、わずか12行の簡素な不認定理由が記載されていた。

「あなたは、常居所を有していたグルジアにおいて、アルメニア人である父方の従兄弟が窃盗等を理由に逮捕され、これが冤罪であったにもかかわらず、アルメニア人であることのみを理由に実刑となったことから、あなたもアルメニア人であることのみを理由に逮捕されるおそれがある旨申し立てていますが、あなたは当該事情を理由に逮捕、拘束等されたことがないこと、関係資料によれば、グルジア政府が少数民族に対する権利を尊重していること、腐敗した判事を罷免したりしている状況などからすれば、難民条約上の迫害のおそれがあるとは認められません。

その他あなたの主張等をすべて併せ考慮しても、あなたが難民条約第1条A（2）及び難民の地位に関する議定書第1条2に規定する難民に該当するとは認められません」

「この決定に不服がある場合、7日以内に不服申立てをすることができます」と伝えられ、それに必要な書類を渡された。同時に在留特別許可をしない決定についても、決定書を受け取り告知を受け、取消訴訟が提起できることも聞かされた。

ルーベンさんは、不認定の理由を聞いても、自分が訴えたことの多くは、ほとんど考慮されていないように感じ身体が凍りついた。それに、「関係資料」の内容には全く納得がいかなかった。

この後の生活はどうなるだろうか、アパートから追い出されないだろうか、日本から移動した方がよいだろうか、いろいろなことが瞬時に頭を駆け巡った。ルーベンさんは携帯電話を持っていないので、家に戻ってから認定NPO法人難民支援協会（JAR）に電話で連絡し、不認定になったことを伝えた。ＪＡＲからは、異議申立て（現在は審査請求）で必要な書類の翻訳のサポートを受けられることや、異議申立てをすればＲＨＱの保護費も引続き受給できる可能性が高いことを教えてもらい、差し当り今の生活が維持できることがわかって安堵した。保護費がもらえれば、アパートを追い出されることはないから、ホームレスにならなくてすむ。余裕はないが、これまで通り食事も何とかなるだろう。とはいえ、異議申立ては一体いつまで続くのだろうか。難民として認められない場合、どうなるのだろうか。そう思うと、どんよりと気分は落ち込んでいった。

再度難民としての異議申立て

ルーベンさんは、難民不認定の告知を受けた３日後に改めて東京入管に行き、異議を申し立てた。

異議申立てをすると、今度は、難民審査参与員という民間人がその審査を担当することになる。難民審査参与員とは「人格が高潔」で、難民審査について公正な判断をすることができ、法律又は国際情勢に関する学識経験を有する者のうちから法務大臣が任命した者である、と法律で決められている。元裁判官、元検察官、弁護士、元外交官、ＮＧＯ関係者、元新聞記者、法律や国際情勢に関する研究者等がこれまでに任命されている。３人で１チームを構成し、難民不認定処分の正当性を再度検討する。

難民審査参与員は、これまでの資料を検討したり、当事者から直接話しを聞いて、処分内容について法務大臣に意見を述べることになっており、法務大臣は難民審査参与員の意見を聴かなければならないこととされている。

ルーベンさんは、難民審査参与員の前で自ら口頭で意見を述べること、難民審査参与員からの質問に応じることを希望し、口頭意見陳述と審尋を行うことを要請した。そして、それから、口頭意見陳述と審尋が実施されることを待ち続けた。口頭意見陳述と審尋の連絡は、異議申立てをしてから約3年が経過した頃にやってきた。

一方で、異議申立てをしてから約1年後、ルーベンさんは、東京入管に呼び出しを受けた。このときの用件は、ルーベンさんに、退去強制の決定が出た事実を知らせることだった。

退去強制の決定は、必ずしも難民申請の手続の結果を待つことがない。ルーベンさんの国籍国は無国籍、送還先はグルジアだと知らされた。あれほど、何度もグルジアには絶対に帰りたくないと訴えていたのだが、送還先は、グルジアと指定されていた。難民申請の異議申立てが継続しているので、法律上、その手続が終わるまで、強制送還されることはない。しかし、手続が終わったら、強制的にグルジアに送還されてしまうのだろうか、と不安にさいなまれた。

難民審査参与員との不毛な議論

2014年6月のある日の午後、ルーベンさんは東京入管に出向き、口頭意見陳述を行い、難民審査参与員からの審尋を受けた。ルーベンさんは代理人を選任していなかったので、一人で出席し、全て一人で対応した。冒頭、ルーベンさんは自分の問題はグルジアにおける民族の問題であり、グルジアには帰ることができないと簡潔に訴えた。

これに続いて、匿名の３人の難民審査参与員から、様々な質問を受けた。審理は約２時間半に及んだ。しかし、ルーベンさんにとって、その中身は難民の審査というよりも、これまでのルーベンさんの行動に対するまるでお説教のようなものだった。

「あなたは20年にわたり、放浪の旅というか、いろいろな国で難民申請をしては不許可になって、それでまたどこかに行きたくなって、そこで難民申請するということを続けてますよね。でも、あなたは難民申請の手続の途中でいなくなったり、収容所から逃げ出したりもしてますよね。そうすると、あなたの話が本当だと信用して聞いてくれる人がいなくなるのではと心配になりますが、あなた、そのことについてはどう思ってるんですか」

「いろんな国で難民申請して不許可になったことはわかります。信用してもらえないのではないかということは、意味がわからないので、もう一度質問してください」

「本当に迫害を恐れて、ある国の政府に助けを求めていて、結論が出るまで待つというのであれば、あなたが真剣な態度であると理解できます。でも、庇護を求めていながら、途中でそれをいい加減に放って別の国に行くというのであれば、あなたは迫害を真剣に恐れてはいないのではないかと思うんです。今、あなたは無国籍でしょう。庇護を求められた国は、あなたを難民として認めない場合、過去、ほとんどの国があなたをどこかに送還しています。日本もそのようなことになる可能性があると思います。あなたは、送還先としていくつもの国を候補として挙げていますよね。私はそれについても真剣さがないと感じます」

難民審査参与員は、ルーベンさんが手続の途中で移動するのはいい加減で、真剣さが足りないからだと判断していた。その判断に基づき、危機的な状況下に置かれた人間心理に配慮することなく、ルーベンさんは「いい加減な行動をする人」というラベルを貼って、言っていることは信じられない、と考えているようだった。

そして「これまであなたは、難民申請を9回行い、どの国でも難民として認められていません。改めて、日本で難民申請したとしても、今までと同様に結論は難しいと思いますが、あなたはそのことについてどう考えてるんですか」と問われた。

ルーベンさんは、この問いに、難民審査参与員は、既に難民不認定の結論を持っているのではないかと直感的に疑念を抱いた。ルーベンさんは、この審尋の手続は、自分が難民かどうかを改めて審査する場だと思っていたので、逆に聞き返した。

「どこか受け入れてくれる国を探して、それがだめなら、またほかを探すということでしょうか。質問ですが、ポーランドで難民として認められなかったら、日本でも認めないということですか？　私が難民であるか審理してもらえないのですか？」

難民審査参与員はその答えに苛立ちながら、ぴしゃりと言った。

「そのような質問はしていません。あなたは日本に来るまで8回難民申請をして、難民申請をした理由も同じで、それらの申請に結論が出ているという事実について、あなたは、どう思ってるんですか」

ルーベンさんは、戸惑いながら尋ねた。

「なぜ、私が拒否されてきたかを考えればいいということですか？」

難民審査参与員は、あなたが難民でないことは明らかだと言わんばかりだった。

「あなたは客観的に見て、難民申請をしても、難民条約上の条件にあってない、ということを考えないんですか？」

ルーベンさんは、必死に食い下がった。

「難民とは、迫害、政治、宗教、社会的な地位について問題がある人です。そういう人は難民としてお願いすることができます。私には民族の問題があります。私だけでなく、アルメニア人だというだけで多くの迫害を受けている人がいます。グルジアでもアブハジアやロシアとの紛争があります。私の隣人もグルジアから出ざるをえなくなりました」

「質問に対する答えではありません」

どこまでいっても、難民審査参与員との会話は平行線だった。

国籍のことについても、ルーベンさんが怠惰できちんと手続をしていないので、無国籍のままだと評価されているようだった。

さらに、難民審査参与員から、家族がロシア国籍を取得しているのだから「もう少し熱心に手続したらロシア国籍を取得できたのではありませんか?」と問われた。ルーベンさんは、ロシアでも努力したものの、当時の政治状況の中では民族問題のために取得できなかったことを説明したが、難民審査参与員は納得していない様子だった。

最後に、難民調査官からも、近時、ロシア国籍取得を簡素化する法案に大統領が署名したという情報があり、状況が変わっているので確認してはどうかとロシア国籍の取得について促され、審理は終結した。

ルーベンさんは、この2時間半まるで話が通じなかったと思った。既に結論は出ているようだった。一体、何のための手続だったのだろう。それに、これまで必死に生き抜いてきたことを全て否定されたような気持ちになった。自分は、これまでいい加減に手続を放り投げたつもりは微塵もない。

このままでは、これまでと同様、難民認定を得るのは難しいだろう、そうなったら、次の行き先を見つけなければいけない。そう思うと、身体の奥底からこれまでの疲労感が湧き上がってきて、ずっしりと全身に覆いかぶさってくるようだった。ルーベンさんは、重たい脚を引きずりながら、東京入管を後にした。

異議申立て棄却決定

２０１４年12月19日、ルーベンさんは再び東京入管から呼び出しを受けた。異議申立てを棄却するという決定の告知だった。難民審査参与員は、異議申立てを棄却する理由として、次の3点を挙げていた。

1. 当人が主張する迫害を受ける事情とは、グルジアにおいてアルメニア人として差別されるというものだが、そもそも、当人がアルメニア人であるとする客観的資料の提出は何もなく、主張について信ぴょう性が認められないこと
2. イギリスにおける難民不認定の理由の一つに人定ができないことがあったというが、ロシアにいる甥たちから出生証明書を取り寄せるために真剣に努力をしている様子がなく、グルジアからの迫害の恐れを有する者の行動としては不自然であること
3. １９９３年にグルジアを出国して２０１０年に日本に入国するまで12か国に不法入国し、その間いろいろな国で難民申請をしたものの全て拒否されているというが、そのうち何回かは手続の途中で収容先を抜け出してほかの国へ行くなどを繰り返しており、グルジアでの迫害を逃れて出国したとする切迫感や、他国で庇護を求めようとする真剣さはほとんどうかがえないこと

ある意味、想像した結論と同じではあった。難民審査参与員から質問を受けたときの言動か

らすれば、難民として認めてもらえるとは思えなかった。それでも、実際に告知を受けてみると、冷酷な現実を前に、この後、生活はどうなるのだろうか。ＲＨＱの保護費はもう、もらえなくなるだろうか。再び崖っぷちに追いつめられ、張り詰めた緊張感が覆いかぶさってきた。おりしも、不認定の告知を受けたのは年の瀬も迫った12月である。東京の寒さは身に染みた。家賃が払えずアパートを追い出されれば、路上生活となってしまう。それに、これから寒さは一層厳しくなる。暗澹たる思いだった。何とかしなければ。ルーベンさんは全く希望が見えないまま、東京入管を後にした。

第5章　ルーベンさんと出会うまで

わたしが弁護士としてルーベンさんの事件を担当することになったのは、難民と無国籍者が直面する問題に関心を持ち、その分野で支援に携わってきたからだ。ルーベンさんが日本にたどり着いた2010年は、わたしが弁護士として仕事を始めた時期だった。その頃、私が所属する法律事務所は、四ツ谷駅近くの新宿通り沿いにあり、ルーベンさんがよく通っていた認定NPO法人難民支援協会（JAR）ともご近所同士だった。ルーベンさんが来日して日本で過ごしてきた時間は、偶然にもわたしが弁護士として経験を積んできた時間と重なる。ルーベンさんの高裁判決は、弁護士や研究者、支援者たちが難民認定や無国籍の課題について問題提起と解決のために活動してきた歴史を礎にしているので、わたし自身が携わってきた難民と無国籍者の国内での支援活動についても、触れておきたい。

交換留学先のアメリカで、9・11事件に遭遇

わたしが難民問題に関心を持つようになったのは、大学時代の留学中に起きた出来事や、留

学先でわたし自身が「外国人」として生活した体験が影響している。わたしは法学部に入学したが、当時の関心は国際関係に向いていた。将来は漠然と語学を活かすような仕事ができたらと思っていたので、弁護士になるとは夢にも思っていなかった。

ルーベンさんが来日前に滞在していたイギリスは、わたしにとっての初めての海外渡航先だった。大学受験のために必死で勉強した英語は、現地ではほとんど役に立たず悔しい思いをした経験から、留学への意欲が湧き、大学3年生の2001年8月から交換留学制度でアメリカのカリフォルニア州立大学に留学した。そして、アメリカに到着して1カ月もたたない9月11日、アメリカ同時多発テロ事件が起きた。

事件が起きた午前9時前後、わたしは大学の寮の一室でまだ寝ていて、事件のことは、日本にいる大学の友人からの国際電話で知らされた。友人は「あなたのいるアメリカで大変なことが起こっているよ」と言い、部屋にあるラジオをつけてみたが、事件に触れている報道があるのかさえすぐにはわからなかった。そこで、友人との電話を切ったあと、半信半疑でバス・トイレ・キッチンをシェアしている隣部屋のルームメイトのヘレンの部屋をノックした。

ヘレンは、ベトナムルーツのアメリカ人で、彼女の部屋にはテレビがあった。「大変な事件が起こってるんだって。テレビ見れる？」とお願いすると、テレビをつけてくれた。テレビ画面には、飛行機が2機、ニューヨークのワールドトレードセンターに突入して、大爆発する映像が映し出された。わたしは驚いて言葉を失った。いつの間にかキッチンをシェアしている、もう二人のアメリカ人のルームメイトたちも、ヘレンの部屋に集まってきた。そして、みなそれぞれに「Oh my Goodness」と口を覆った。部屋全体がまるで真空状態になったかのような雰囲気になり、現実の出来事とは俄かに信じがたかった。

9・11事件の後、アメリカはイスラム過激派テロ組織アルカイダの活動拠点がアフガニスタンにあるとして、アフガニスタンに侵攻した。「対テロ」戦争の始まりだった。事件が起きたのはアメリカ東海岸だったが、わたしが留学している西海岸の郊外にあるカリフォルニア州立大学のキャンパスにも、兵役を募るためのデスクが置かれ、軍服を着た兵士が学生をリクルートしていた。住んでいた大学寮建物のある部屋の窓一面には、星条旗が掲げられ、自国領土がかつてない攻撃を受けたとして人々の愛国心が高揚し、アメリカ万歳と鼓舞するような雰囲気が肌で感じとれた。

一方で、イスラム圏出身の留学生が休暇先から新学期のためアメリカに戻ろうとしたけれど再入国できなかったという話も伝わってきた。アジア人であるわたしたちにも何か起きるかもしれないという漠然とした不安がよぎった。外国人として社会の中でマイノリティであること、その感覚を感じるほどに、共通言語である英語を十分に話せないことの心細さを身に沁みて感じる体験をした。

「対テロ」戦争が始まると、現地の爆撃や侵攻の様子が報道され始めた。アメリカは「テロリスト」に攻撃されたのだから、アフガニスタンへの侵攻には大義があると正当化する論調も目立った。しかし、戦争が起こると兵士だけでなく「テロリスト」とは全く無縁の、日常生活を送っている現地の一般市民、女性、子ども達も犠牲になっていった。様々な報道を見ていると、「アフガニスタンでこの時代に生まれていたら、わたしも同じような境遇に陥っていたかもしれない」という考えが頭に浮かび、漠然とした不安と怖れを感じるようになった。同時に、自分にいったい何ができるのだろうと自問するようになった。

興味を持ったフォト・ジャーナリズム

戦争を始めたアメリカの空気に刺激され、留学を終えて日本に戻ってからは、何ができるのだろうかという自分なりの方向としてフォト・ジャーナリズムに関心を持ち、その世界に足を踏み入れた。伝える媒体としての写真に力を感じたからだ。

シンポジウムなどに出かけていくと、フリーランスの立場で写真やビデオを通して報道に携わるプロのジャーナリストや、わたしと同じように、フォト・ビデオジャーナリズムに関心を寄せる同世代の学生たちとも知り合うことができ、交流する機会を得た。

この頃、わたしは大学4年生で卒業後の進路に悩んでいた。報道に関心を持ちいろいろな人たちと関わっているうちに、自分の信念に基づいてフリーランスで報道する職業に惹かれた。だが、実際にその仕事で生活を成り立たせていくためには、厳しい現実があることも知った。職業として考えてみると進むべき道なのか、その判断がつかなかった。

一方で、大学では、国際人権・難民法を専門とする阿部浩己教授の国際人権法のゼミで学び、毎回、人権とは何かを考えさせられる濃厚なテーマに取り組んでいた。その一つに、難民問題もあった。ゼミでは、日本の難民認定制度にも様々な課題があることを学んだ。日本にも難民が逃れてきていて、世界で起きていることはわたしが住んでいる日本にもつながっていて、身近にあるのだとはじめて実感した瞬間だった。そして、もっと日本にいる難民のことや日本の難民受け入れに関する状況を知りたいと思い、調べるようになった。

あるとき、ビデオ・ジャーナリストの土井敏邦さんとお茶を飲んでいて、「今度、日本の難民に関する集会に行ってみようと思うんです」と渡邉彰悟弁護士が載っているチラシを見せた。すると、土井さんは「ああ、渡邉さんね。渡邉さんのことはよく知ってるよ」と登壇者の一人の弁護士について教えてくれた。そして、自分の名刺を取り出して、その隙間に「我々の仲間の小田川さんを紹介します。よろしく」と書いてくれた。

わたしが参加しようと思っていた集会は、難民を支援する弁護士達が講演する企画内容だった。わたしは知らない世界に飛び込むようで少し心細かったが、土井さんが名刺に紹介状を書いてくれたことに勇気をもらって足を運んだ。

渡邉彰悟弁護士との出会い

参加した集会では、複数の弁護士から、日本の難民認定手続の現状とその課題について報告があった。９・11事件の後、日本では、これまで平穏な日常生活を送っていたアフガニスタン出身者が、民族を問わず、突然「テロリスト」の疑念をかけられて収容されるなど、大きな混乱が起きていた。また、日本には、ビルマ（ミャンマー）の軍事政権に対抗して民主化活動を行い、軍事政権からの迫害を怖れて日本に逃れて暮らしているビルマ難民が多数来ていることや、中東では一大民族であるにもかかわらず、独立した国を持たないクルド人がトルコ政府からの迫害を怖れて日本に逃れていること、そして、日本の難民認定は国際基準と乖離してとても厳しいことなどが、実務の現場で活動する弁護士達から語られた。わたしは、自分が生まれ育った日本という国で、難民が困難な状況に置かれていることを初めて知った。そして、わたしは、身の危険から逃げてくる人たちを受け入れるのは、人として当たり前のことだと思っていたので、日本の政策が難民に厳しく、身の危険から逃げてくる人たちに冷たく寛容でないことにショックを受けた。また、唯一、戦争で原爆を落とされた経験がある日本は、ある意味、戦争の被害者である難民の心情がわかる寛容さがあると漠然と思っていたので、それが覆される驚きの体験となった。

渡邉弁護士は、当時、在日ビルマ人難民申請弁護団（ビルマ弁護団）の事務局長で、難民事件を扱う弁護士の集まりである全国難民弁護団連絡会議（全難連）の事務局長も担っていた。その報告内容から、弁護士が難民認定を勝ち取るために、心血を注いで熱心に活動している様子が窺えた。弁護士の仕事の中にはこうした国際貢献の業務があることを知り、二重に驚いた。

集会が終わった後、わたしは土井さんの名刺とともに、緊張しながら渡邉弁護士に挨拶をした。わたしの人生で、弁護士はこれまでテレビ画面の中にしかいない存在だったので、実物の弁護士と直接話すのはそれが初めてだった。渡邉弁護士は、背が高くすらっとしていて、シャープな雰囲気と温厚で柔和な側面を兼ね揃えているように感じられた。これが、わたしが所属するいずみ橋法律事務所の所長である、渡邉弁護士との出会いだった。

わたしは「はじめまして。大学で阿部浩己先生のゼミで勉強していて、日本の難民問題に関心を持ちました。フォト・ジャーナリズムに興味があって土井さんと知り合ったのですが、土井さんに今日の集会のことを話したら、渡邉弁護士のことは良く知っていると言って、名刺を渡してくれました」と、拙い自己紹介をして、恐る恐る名刺を見せた。渡邉弁護士は「阿部先生のところの学生さんで、土井さんを知っているの？　土井さんはビルマ難民のことを良く取材してくれてたんだよ、最近はパレスチナに熱心だけど。あなた難民問題に関心があるの」そう言って名刺を差し出し、一大学生であるわたしにも丁寧に応対してくれた。

「交換留学していたときに、アメリカで９・11事件があったんです。また、難民問題のことでお話を伺いたいときには、ご連絡してもいいですか」と思い切って訊いてみた。渡邉弁護士は「もちろん。今日は来てくれてありがとう」と答えてくれて、短い時間だったが、渡邉弁護士のことをとても大きな存在として感じた。

人生を左右したキンマウンラさん事件

渡邉弁護士との出会いを通じて、わたしは難民支援の一端に携わるようになった。その後しばらくして「あなた、英語できるんだよね。ちょっと手伝ってくれない?」とお誘いを受けたのだ。予期していなかったうえにわたしに務まるだろうかと不安な側面もあったが、リアルな現場を見てみたいという好奇心が勝り、ありがたくその機会を受け取った。それが縁となり、わたしは、ビルマ弁護団と全難連の事務局として、渡邉弁護士の事務所でアルバイトをするようになった。

バイトを始めてほどなくして、渡邉弁護士が担当していた、ビルマ難民家族の事件と接することになった。そして、渡邉弁護士がこの家族のために全力で奮闘する様子を直に見ることができ、それがわたしの人生を大きく左右した。この事件との出会いを通して、わたしは弁護士への道を志すことになった。

2003年10月29日、東京高等裁判所でビルマ難民に対する判決が言い渡された。事件の内容はよく知らなかったが、事務局として、渡邉弁護士達とともに裁判所へと向かった。裁判傍聴は、この時が人生で初めてだった。控訴審での判決の言い渡しを聞くのも、初めての体験だった。窓のない法廷に、黒い法服をまとった裁判官たちが現れた。裁判長は、「本件控訴を棄却する」と短く言って、すぐさま退廷した。あまりにもあっけなく終わってしまい、判決とはこんなものなのかと拍子抜けした。一方で、そのあまりにも短い判決言い渡しには見合わないほど、本人とその家族が置かれた状況は重く、深刻だった。

当事者は、キンマウンラさん（キムさん）。１９８８年にビルマで民主化活動が高揚し、これに呼応して日本で設立された民主化運動団体に最初から参加した人だった。ビルマ本国では、軍事政権が、民主化活動を弾圧するため、市民に向けて発砲し、多くの犠牲者と逮捕者が出た。一方で、在日本ミャンマー連邦共和国大使館は在日ビルマ人の活動を厳しく監視していた。キムさんは、自身も日本での活動の故に迫害されるおそれを抱き、難民申請に至った。その日本で、フィリピンから出稼ぎに来ていたマリアさんと出会い、二人の子どもを授かった。ところが、キムさんもマリアさんも日本での滞在は、非正規滞在となっていた。キムさんは難民申請をしたが不認定となり、異議申出も棄却され、裁判で保護を求めて国側と全力で争っていた。

当時の難民申請手続では、日本に入国してから60日以内に難民申請をしなければならないという「60日ルール」があった。つまり、入国して60日を超えて申請すれば、原則として難民不認定となる。当時、民主化活動をする多くのビルマ人達は、このルールの存在を知らなかった。また、その人達は、自分たちの国を良くしたいという思いが根底にあって民主化活動をしていたので、国の状況が良くなれば、ビルマに帰りたいと思っていた人も多い。日本にたどり着いてひとまずの安全が確保されていたし、１９９０年代の日本社会では、非正規滞在者が仕事をすることは、人手不足の中で社会的に必要な存在として求められ、事実上容認されていた。そのため、60日以内に難民申請をしなくても、働きながら生きていくことができたのである。

ところが、ビルマの情勢は一向に良くなる気配はなかった。また、日本での滞在が長引けば、キムさんのように家族もできるなど、人間としての生活状況が変わって大切なものや護っていくべきものが増えていく。そうした中で、日本に滞在するビルマ難民たちの難民申請を支援するビルマ弁護団が結成され、1992年12月以降、第一次申請、第二次申請と、集団で難民申請がなされていった。こうした在日ビルマ人の難民申請者の実情については、後に土井さんが監督・製作したドキュメンタリー映画『異国に生きる 日本の中のビルマ人』（2012年）で多彩に描かれている。

キムさんは、裁判で退去強制処分を争っていたものの、一審で敗訴し控訴した。その控訴審でも、キムさんの主張は認められなかったのだ。つまり、国がキムさんにビルマへの退去を命じた処分は正当で、ビルマへ退去することを促す判断だった。

ところが、控訴した直後の2003年5月、ミャンマーでは、軍事政権に対抗する国民民主連盟（NLD）のリーダーで、国民から広く支持を受けているアウン・サン・スーチーさんの暗殺未遂事件が起きていた。ディペイン事件である。スーチーさんはそれ以来、自宅軟禁となっていた。軍事政権による抑圧は続き、これに抗議して日本に逃れてきた民主化活動家たちは大使館前などで抗議デモを行っていた。キムさんも参加していた。ビルマの状況は、彼らにとって安全とは言い難かった。

キムさんの妻のマリアさんは、フィリピンの出身だった。日本で生まれた二人の子どもたちは、フィリピン国籍の母とビルマ国籍の父の間に生まれ、その国籍はフィリピン国籍であった。子ども達は、ビルマにもフィリピンにも行ったことがなく、日本で成長していた。当時、長女は9歳、二女は6歳。日本が、キムさんにビルマへの退去を命じるということは、父だけを国籍国ビルマに強制送還し、母のマリアさんと二人の子ども達は国籍国であるフィリピンに強制送還するということ。もしこれが現実になれば、家族は離れ離れになってしまう。加えて、日本語で日本文化の中で育っている子どもたちを、国籍国とはいえ、強制的に全く違う環境に一方的に追いやり、子どもの安心・安全を奪うことにもなる。その影響と、それに伴う家族の生活上の負担は想像を絶するものだ。にもかかわらず、控訴審の判決はそれらを考慮せず、家族バラバラもやむなしという家族分離にお墨付きを与えるものだった。

「100%あなたたちを守る」

判決が言い渡された後、当事者のキムさん、マリアさんの表情は無くなっていた。彼らの支援者たちや、マスコミ関係者も裁判所に集まっており、皆不安そうな面持ちだった。キムさんは、判決の2日後には仮放免許可の更新のため、東京入管への出頭を控えていた。控訴審判決の結果を踏まえれば、強制送還の準備のために収容される可能性は高かった。

法廷から裁判所の1階ロビーにまで移動し、渡邉弁護士は、当事者と支援者たちに囲まれて、今後のことについて短く説明し、さらに「この家族をバラバラにするというのはありえない。100％、あなたたちを守る」と言った。わたしはこの言葉に衝撃を受けた。そう、弁護士は人権を護る仕事なのだ。しかし、その一方で、実務については素人のわたしでも、上告審で争えるのは憲法問題だけで、さらに憲法問題で勝つのは難しいと言われているのは知っていた。心から勝訴を求める強い気持ちとは裏腹に、上告審で勝訴の見込みは低いのではないかと複雑な心境に陥ったこともよく憶えている。

2003年10月31日、キムさんは、妻のマリアさん、渡邉弁護士、支援者たちに付き添われて東京入管に出頭した。TBSの記者も同行していた。東京入管の建物内部は取材不可なのでカメラは入れなかったが、皆がキムさんの仮放免許可の更新手続を見守っていた。

キムさんは東京入管の6階の一室に呼ばれたが、他の人はもちろん、弁護士すらも同席することはできなかった。キムさんは覚悟を決めたような表情で皆に「行ってきます」と一言告げて、その場を後にした。しばらく待ってもキムさんは帰ってこなかった。予想はしていたが、キムさんは収容されてしまった。そのことを知ると、妻のマリアさんは悲痛な叫び声をあげて、その場で泣き崩れた。わたしは、つい先ほどまで近くにいた人が収容されていくという場面に初めて立ち会い、茫然とした。隣にいたTBSの記者も「本当に収容されるんですね。びっくりしました」とつぶやいた。

その日から、キムさんを収容から解放するための運動が始まった。渡邉弁護士は、いつにも増して忙しく駆け回っていた。マスメディアの関係者や政治家などにコンタクトをとり、家族の保護のためにできる限りの布石を打っていった。日本で生まれ育った子どもたちに罪はない、キムさん家族を保護することは、日本も批准する「市民的及び政治的権利に関する国際規約」（自由権規約）の要請にかなうものだと力強く訴えていた。

そして、このキムさん一家を守る運動は、想像をはるかに越えて、大きな展開を見せていった。キムさんが収容される以前からこの家族の取材を続けていたＴＢＳの記者が撮った映像は、ニュースの森やニュース23で大きく取り上げられた。すると、彼らに在留特別許可を求める署名活動がみるみる広まり、一晩で４００名以上の署名が集まった。

署名や支援活動の母体となったのは、いずみ橋法律事務所内にあった渡邉弁護士が事務局長を務めるビルマ市民フォーラム（ＰＦＢ）というＮＧＯだ。

この当時、FacebookなどのＳＮＳやオンライン署名といったツールはまだ存在しない。いずみ橋法律事務所内にあったＦＡＸは、キムさんを支援する署名を忙しく受信し続けていた。ＰＦＢのメールサーバーは、一気に多数のメールを受信したので、ダウンしてしまった。ヒヨッコのわたしにとっては、毎日が驚きの連続だった。

支援運動の中心人物の一人は、キムさんが勤めていた運送会社の社長である。「従業員のキムを守る」と運動の先頭に立って四方八方に協力を求めて足を運んでいた。あるとき、渡邉弁護士に連れられて、キムさん一家が暮らす家の最寄駅まで同行した。妻のマリアさんや他の支援者とともに街頭に立って、家族の保護を求める署名活動を行うためだ。わたしは、初めての署名活動で気恥ずかしさが先に立っていたが、勇気を出して、見よう見まねで通りを歩く人に声をかけ、署名をお願いした。

子どもを連れた大人たち、学生、一見すると強面の若者や、髪を染めた自由人風の人たちなど色々な人たちが足を止めてくれた。話をすると「ああ、この家族のこと知ってる。ニュースでやってたよね。日本にいてもいいじゃない」と快く署名に応じてくれたのだった。

こうした運動が実を結び、キムさん家族に一つ目の奇跡とも言えることが起こった。キムさんに、法務大臣の指示で、仮放免許可が下りたのだ。東京入管の収容場に収容されてから49日後のことだった。PFBでは「クリスマスが訪れる前に、子ども達のもとへキムさんを」というキャンペーンを展開していた。それが見事にかなったのだった。その当時、一度収容されると、仮放免許可が出るまでに半年以上かかることが通例だった。中には、1年以上も収容されている難民申請者もいた。控訴審の敗訴後、収容から49日、しかも法務大臣による職権での仮放免となることは、異例中の異例の出来事だった。

キムさんが仮放免されるという知らせが事務所に入ると、必要な手続を経て、キムさんは家族のもとに帰って来た。子どもたちは「パパ！」と泣いて父親にしがみついた。妻のマリアさんは「お帰りなさい」と言って、家族みんなでキムさんを迎え入れた。

そして、二つ目の奇跡と言えることが起こった。キムさんが収容を解かれてから約2カ月半後の2004年3月、閣議決定のもと、キムさん一家に在留特別許可が認められたのだ。退去命令を正当とする控訴審判決の言い渡しから約4カ月後の出来事だった。キムさん一家に在留特別許可を求める署名は、約4カ月間で3万6000人以上も集まった。控訴審で敗訴した事件について、こんなに早く在留特別許可が降りるとは、誰に予測できただろう？　その後の市民運動の大きなうねりが、山を動かした。その現場に立ち会うことになり、言葉にならない思いだった。

渡邉弁護士が、控訴審での敗訴直後に「100％あなたたちを守る」と言った言葉が、その通りに実現したことを思うと、身震いした。わたしは「弁護士って、こんな大きなことができるんだ。わたしも渡邉弁護士のように人の人生に関わって、人の役に立てるようになりたい」と心が大きく揺さぶられた。司法試験が狭き門であることは知っていたが、ちょうどその頃新しく導入されたロースクール制度を調べてみると、自分の前に道が開けたように感じた。進路への迷いが晴れて、わたしは弁護士への道を志すことに心を決めた。

ロースクールの国際人権クリニックで

2005年、わたしは大学のゼミでお世話になった阿部先生が教員をしているロースクールを選び、進学した。そこには国際人権クリニックも設置されていて、国際人権にかかわる法律相談を受けていた。担当教員である阿部先生と横浜弁護士会（現在は神奈川県弁護士会）の人権擁護委員会外国人部会所属の弁護士がその都度大学に来て当事者からの法律相談に応じ、その場に学生も同席することができた。ロースクールでは、司法試験を見据えた座学が基本だったので、国際人権クリニックでの経験は、生きたケースから学ぶことのできる貴重な機会だった。この国際人権クリニックに、無国籍者の家族からも相談が寄せられた。そして、わたしはここでの相談を通して、日本にも無国籍がもたらす問題で苦悩する当事者がいることを初めて知ったのだった。

国際人権クリックに無国籍の問題で相談を寄せてきたのは、中国籍の王さん（仮名）という男性だった。王さんは、中国で専門学校の教師をしていたが、より上級職に昇格するためには外国語の習得が必要だったため、１９９０年代前半に就学ビザを得て来日した。

ところが王さんが来日して間もなく、日本へ行くための手続を仲介していた中国人が日本から強制送還された。その結果、王さんは日本での在留手続を案内してくれる人がおらず、オーバーステイになってしまった。在留期限が徒過していると気づいた時は既に遅かった。王さんは、その後も、飲食店などで働きながら暮らしているうちに、タイから日本にやって来たメーさん（仮名）と親しくなり、同棲するようになった。二人の間には男の子が生まれたので、二人は結婚しようとしたが、メーさんの方がタイから必要な書類を取り寄せることができず、婚姻届を出すことができなかった。

そこから時代が変わり、不景気から就職氷河期と言われる時代に入り、徐々にオーバーステイで働くことは「不法就労」だとして取締りが厳しくなった。王さんの身近にいたオーバーステイの友人たちも、職務質問を受けて警察に逮捕されるようになっていった。そんなとき、中国にいる両親の体調が悪いとの知らせが入り、王さんはもう中国に帰る潮時だと考えた。そして、家族全員で中国へ行こうとしたが、メーさんには旅券がないことがわかり、いろいろなところに相談に行き、紆余曲折の末、国際人権クリニックを訪れた。

国際人権クリニックを通じた支援体験

メーさんはミャンマー生まれの少数民族で、タイの山奥で生活していたが、日本に行けばよい仕事ができると聞き、ブローカーを通じて日本行きを斡旋された。メーさんは学校に通ったことがなく、タイ語の読み書きもできなかった。用意された旅券に、自分の本名と異なる名前が書かれていることもわからなかった。新しい世界への扉が開き、メーさんは期待に胸を膨らませて来日したが、日本での仕事は想像とは違い苛酷なものだった。メーさんは、その当時の体験について、多くを語ることはなかった。あるとき、メーさんは同様の境遇にあった女性たちと逃げて、横浜へと移り住んだ。

メーさんによれば、家族は誰もタイ国籍を持たず、ミャンマー国籍を示す書類も見たことがない。唯一、身分関係を証明する書類は、タイ政府が発行した住民登録証明書だった。タイの現地でこうした少数民族を支援するNGO関係者が、メーさんのようなタイの高地に住む少数民族は、タイ領域内での生活は事実上容認されているものの、当時タイ国籍は与えられていないことを教えてくれた。一度タイから出国してしまえば、タイ政府にとっては「外国籍者」で、受け入れ義務はない。メーさんがタイに戻るすべはなかった。

この家族が、わたしにとって日本にいる無国籍者との初めての出会いだった。ビルマ弁護団での支援を通じて難民の境遇は理解していた。難民は、出身国から迫害を受けるおそれがあるため逃げて、出身国に帰れない人たちだ。国籍があっても、その国から保護を受けることができないので、無国籍のような状態にあるともいえる。とはいえ、物理的に帰国ができないというよりは、帰ると逮捕や拷問などの危険があるので、事実上帰れないという境遇にある（中には、旅券の発給を受けることができないために帰れない人もいる）。一方で、メーさんのようにどの国の国籍ももたない人は、迫害を受けるおそれがあるというわけではない。帰りたくても物理的に帰れない、という状況に置かれているのだ。

どの国からも国民として認められていないということは、一度住んだことのある国を出ると、その後自由に帰国する権利がないということ、結婚をしたくても結婚するための条件を満たしていることを証明する国がないということ、実在しているのにまるで透明人間のようで、当事者にとっては実在そのものがないかのような扱いを受けていることなのだと思った。メーさんを強制送還しようとしても、受け入れる国はない。メーさんが無国籍であることが理由で、家族がバラバラになる危機に陥っていることがわかった。

無国籍者と難民は、そうなった背景や境遇は違うけれど、日本から出身国に帰ることができないという事象は似ている。そして、子どもが日本で生まれ、日本という国のほかに、家族が皆一緒に生活できる場所が事実上ないというのも同じだった。わたしは、家族が一緒に生活することを望んでいるのに、それを阻む「国」って一体何なのだろう、「国籍」という制度があるからこそ生み出されている問題なのかと思った。当然あると思い、意識すらすることがなかった「国籍」。それが突然、大きく目の前に立ちはだかるようだった。人間が作り出した国家、その国家における国籍という制度や装置によって引き起こされる「無国籍」という問題に強く関心を持ち、もっと知りたいと思うようになった。

この家族のケースは、阿部先生と相談に乗ってくれた弁護士の指導のもと、国際人権クリニックの学生チームで、婚姻届の手続をサポートした。最終的なゴールは、この家族が日本で正規に暮らすために必要な在留特別許可を得ること。ただ、現状のままでは制度上家族としてみなされないので、家族一体となって許可を得ることができない。そのためには、まず法律婚を成立させることが必要だった。通常、法律婚をするためには、外国籍者は本国から発行されるいわゆる独身証明書を添付して、日本の役所で婚姻届を出す。中国籍の王さんは、これを取り寄せることができた。ところが、メーさんには国籍がないので、独身証明書が取得できない事情と、独身であり婚姻することに差支えがないことを説明した申述書《しんじゅつしょ》を作成した。実務ではこのような申述書を提出すれば、多少の時間はかかるが、婚姻届が受理されるという先例があり、受理される可能性はあった。

国際協力活動を行っていた国際人権クリニックの学生のつてで、日本で外国籍の女性を支援するNGOや、タイの現地で活動するNGOの協力を得て、タイにいるメーさんの家族から、タイの住民登録の書類を取り寄せることができた。わたしたちは役所に同行し、事情を説明して婚姻届の受理を求めた。

婚姻届は地方法務局の受理伺いとなり、法務局での面接を経て、結論が出るまでに約2カ月の時間がかかった。そして、婚姻届は無事に受理され、王さんとメーさんの法律上の婚姻が晴れて成立した。わたしは、様々な人と一緒に力を合わせて行った支援が実を結び、当事者の役に立つことができて嬉しかった。こうした支援ができるようになるために弁護士を目指しているんだと、進むべき道を改めて確認するような機会にもなった。

その後、この夫婦のもとには双子が生まれ、家族が増えた。それから数年後、このとき支援に携わった学生チームの一人がロースクールを卒業し、横浜で弁護士となった。そして、この家族のために代理人として手続を行い、日本で生きていくために必要な在留特別許可が認められた。メーさんは無国籍のままだったが、こうして家族離散の危機は回避された。

無国籍者の支援へ

2008年、ロースクールを卒業して司法試験を受験した。合格発表までしばらく時間があったので、発表を待つ間、ＪＡＲでインターンをして難民支援の現場に戻ったりしながら、しばらく自由な時間を味わった。

あるとき、ＵＮＨＣＲ本部の無国籍担当者が来日し、無国籍に関する会合が都内で開かれたので、それに参加した。わたしはそこで『無国籍』（新潮社）の著者・陳天璽《ちんてんじ》さんと知り合った。陳さんは中国人の両親のもと日本で生まれ、１９７２年の日中国交正常化の影響で１歳のときに中華民国（台湾）籍を離脱して無国籍となった経験を持つ。陳さんの『無国籍』には、自身が無国籍の当事者として遭遇した様々な困難や、そのことに悩みながらも実直に生き抜いてきた体験が豊かに語られていて、わたしは、無国籍者は現実的な法的地位の問題を抱えるだけではなく、アイデンティティの葛藤に悩むことを学んだ。

そして、国際関係論や文化人類学を専門とする研究者でもある陳さんの企画で、渋谷にある国連大学で無国籍のシンポジウムが開催され、それに続く２００９年には「無国籍ネットワーク」というＮＧＯが発足した。無国籍者への支援と無国籍への理解を深める活動を行う無国籍ネットワークには様々な人が集い、わたしも参加した。そして、ルーベンさんは、この無国籍ネットワークにｅメールを送り、相談を寄せてきたのだった。

ルーベンさんとの出会い

わたしが初めてルーベンさんと出会ったのは、２０１３年のこと。ルーベンさんは、難民申請が不認定となり異議申立てをしていたが、今後の行く末に不安を覚えて、無国籍ネットワークに、無国籍であることの証明書を発行してもらえないかと相談を寄せてきた。その当時、わたしは法律相談を担当していて、ルーベンさんの相談を受けることになった。とはいえ、ルーベンさんの出身地、旧ソ連・グルジア地域の問題については全く不勉強で、知識がなかった。ちょうどそのとき、幸運にも国際機関で働いていてロシア地域の事情に明るい方が無国籍ネットワークにボランティアとして参加していた。そこで、そのボランティアの方と一緒にわたしはルーベンさんと面談した。

ルーベンさんは、約束した時間通りに四ツ谷にあるいずみ橋法律事務所に現れた。背が高くて大柄、肌の色は白く目が大きい。キョロキョロと大きな瞳を動かしていたのが印象的で、まるで注意深くわたしたちのことを観察しているようにも見えた。ルーベンさんは、ロシア語のほかにこれまで訪れた国で習得した複数の言語を話すことができ、長い旅路の過程で身につけた英語でコミュニケーションをとった。わたしは、それだけでも、サバイバル能力の高い人だと感心してしまった。

ルーベンさんからは「日本で滞在できる資格がほしい。グルジアには絶対に強制送還されたくない。無国籍であることの証明書を出してほしい」という希望が寄せられた。ルーベンさんは、無国籍であると訴えていたが、実は無国籍であるという判断は簡単なことではない。ルーベンさんが、国籍を取得していないかどうかは、関係国の国籍法を調査する必要があった。

わたしたちは、支援のためにはルーベンさんのことを知る必要があるため、通常、法律相談のクライアントに尋ねるように、身上や経歴について質問をした。ルーベンさんは、質問に答えてはくれたが、必要だと思うこと以上を話そうとはしなかった。そして、先回りするように、「無国籍の証明書を出してほしい」とたびたび訴えていた。それは、無国籍の証明書が得られれば、日本での滞在資格を得るのに有益だと信じていたからのようだ。

ところが、無国籍ネットワークはＮＰＯ法人となったものの一市民団体であり、行政機関ではない。無国籍の証明書を公的に発行するような権限も機能も備えていないので、そのことを説明した。そもそも、日本には、無国籍者を保護するための無国籍認定手続すら存在しない。日本での滞在資格を得たいのなら、難民認定を受けるか人道的配慮による在留特別許可を得るしか道がないことを伝えた。また、当時ルーベンさんは代理人を選任していなかったので、日本の難民認定はとても厳格で、ほとんどの人が保護を受けられないうえに、彼のケースには難民性と無国籍が交錯する複雑な事情があるので、弁護士の支援を受けたほうがよいのではと思い、そのことも促してみた。

しかし、ルーベンさんは代理人をつけることには消極的で、相談を終えた。これまでの経験上、難民申請者からは代理人として受任してほしいとの相談が多く寄せられていたので、少々面食らった。ただ、その言動からは、本当にグルジアに送還されたくないのだなということはひしひしと伝わって来た。これは後になってわかったことだが、それまでの他国での弁護士とのやり取りの経験を知ると、弁護士に対する基本的な信頼がなかったのだろうと納得した。これがわたしとルーベンさんの出会いだった。

無国籍研究会の立ち上げ

無国籍者の支援やその問題について関わり始めると、無国籍者と言っても、無国籍になる原因も抱える問題も人それぞれであり、ひとくくりにできない複雑さがあることを知った。また、いずれかの国の法律では、生まれながらに国籍を取得しているはずであっても、国籍そのものは目に見えない。出生登録がされていないことや、国籍を証明する旅券など何も持っていないために、現実には無国籍状態に陥っている場合も多い。法律上と事実上のギャップの整理も必要だと感じた。そのうえ、この問題は、法実務家の中でもまだよく知られていない未開拓の分野だった。そもそも、日本は、無国籍者の地位に関する条約や、無国籍の削減に関する条約にも加入していない。わたしは、弁護士として、無国籍者が直面する法的な問題を解決するための礎を築く必要性を感じていた。

２０１４年、わたしは、難民問題にも精通している大先輩の関聡介弁護士とともに無国籍研究会を立ち上げた。関弁護士は、長く外国籍者や難民の支援に携わり、実務家としての経験も豊富。深い探究心と洞察力を兼ね備え、その後まもなく司法研修所の刑事弁護教官を務めることにもなる、面倒見の良い「兄弁」であった。私たちは無国籍の問題提起とその解決のために何ができるか議論しながら研究会を形作っていった。

この年は、折しも無国籍者の地位に関する条約の60周年であり、ＵＮＨＣＲが無国籍問題に力を入れ始めていることとあいまって、無国籍根絶に向けて10年間で無国籍をゼロにするという「#IBelong キャンペーン」が開始された年でもあった。

ＵＮＨＣＲは、世界各国の当局や支援団体と連携し、無国籍の「マッピング」をはじめ、無国籍認定手続の重要性を国際社会に向けてアピールし、無国籍関連の条約加入国や、無国籍認定手続を設置する国が次第に増えていた。

そうした無国籍旋風が巻き起こっているところ、わたしたちもその流れに乗って研究会を発足させ、法実務で役に立つような無国籍の報告書を作りたいと考えた。そして、いつの日か、裁判などで無国籍者の権利実現のために争わなければならないときの備えをしておかなければと思った。研究会を重ねながら、日弁連法務研究財団からの助成とＵＮＨＣＲからの委託を受けて『日本における無国籍者―類型論的調査―』（ＵＮＨＣＲ駐日事務所）をまとめていった。

この研究会には、弁護士、ＮＧＯ関係者などの実務家のほか、国際法、憲法、社会学などを専門とする研究者が参加した。実務面と学術面の双方向から無国籍を検討して学ぶ場となり、毎度、充実した議論がなされた。学術方面からも協力を得られたのは、発足当初から、国際法学や国際関係論を専門とする研究者の新垣修さんが、わたしたちの問題意識に耳を傾けてくれて、研究会を支えてくれたところが大きい。新垣さんは、ＵＮＨＣＲからの委託を受けて、無国籍条約が定める規定と日本の無国籍に関する国内法の規定のどこにギャップがあるのかを調査しており（その成果は『無国籍条約と日本の国内法―その接点と隔たり』（ＵＮＨＣＲ駐日事務所）参照）、私たちにも真摯にアドバイスをくれた。そして、関連する分野の様々な人たちをつなぎ逢わせ、学びの空間を一緒に作ってくれた。実務とは少し離れて、普段とは違った頭の回路を刺激されるようで新鮮な学びがあり、有意義で楽しい時間だった。

こうして、無国籍研究会が始動して無国籍についての知見を深めていたさなか、わたしはルーベンさんと再会することになった。ルーベンさんの異議申立てが棄却され、難民認定の手続が終結したのだ。退去強制令書がすでに出ていることもあいまって、ルーベンさんは、たちまち苦境に立たされていた。

第6章　再会、そして裁判へ

2015年、年明けの電話

　2015年、年が明けて間もなく認定NPO法人難民支援協会（JAR）のスタッフ田多晋《すすむ》さんから電話があった。当時、田多さんは、JARで法的支援を担当していた。そして、JARが相談を受けた難民申請者のケースで、弁護士の支援を受けたほうが良いと判断した場合には、受任する弁護士をアレンジして難民申請者に繋いでいた。

「実は、無国籍の難民の案件で相談したいことがあるんです」

　新年早々、新しい案件の相談。今年は、無国籍と難民で始まるんだと思った。

「無国籍の難民ですか…、珍しいですね。国が無国籍と認定しているんですか？」

「そうなんです、難民の手続では、国籍は「無国籍」とされてます。出身は、旧ソビエトで、今はグルジアになっている地域の出身です。旧ソ連を出た後ロシアに行き、そのあとはヨーロッパを点々としていて、結構、複雑な経歴なんです」

どこかで聞いた話だと思った。

「その人知ってるかも…、前に無国籍ネットワークに相談に来たことがある人で、会ったことがあるかもしれない」

「それなら話が早い。グルジア出身で無国籍の人なんてなかなかいないですよね。難民申請の異議申立てが棄却されたと連絡があったんです。無国籍だし、弁護士をつけたほうがいいんじゃないかという話になって、本人も弁護士にお願いしたいと言ってるんです。難民でしかも無国籍だから、小田川さんにお願いできないかなと思って…」

「なるほど。たしか前に話を聞いたときは、弁護士はいらないって言ってましたが、異議が棄却されたから状況が変わったんですね。裁判したいということですよね」

「そうなんです」

「異議が棄却されたのはいつですか?」

「告知を受けたのが、昨年の12月19日ですね」

「そうすると、提訴期限は6カ月だから、6月の半ばまでですね」

「そうなんですけど、実は急いでもらえるとありがたいです。RHQで保護費を受けていたんですが、異議が棄却されたのでストップしたんです。再申請して裁判をしないと、保護費が出ないんですよね。家も追い出されるって心配してて…」

「そうなんですか…。了解しました、まずはご相談にのります。今手元にある不認定理由書など関係書類を送ってもらえますか？　あと、手続記録の情報開示請求はしていますか？　記録を見て検討しないと何とも言えないとも思うので」

「了解です。手元にある不認定の理由書などは後で送りますね。情報開示請求も準備します」

電話を切った後、すぐに田多さんからeメールで異議申立てを棄却する決定書とその理由書が送られてきた。それを見ると、確かに以前相談を受けたことがあるルーベンさんだった。わたしは、これも何かの縁かなと思った。

困窮したルーベンさんとの再会

電話を受けてから約1週間後、田多さんにも同席してもらい、ルーベンさんと再会した。「以前会ったことがありますね」と確認すると、ルーベンさんもわたしのことを憶えていてくれた。彼の風貌と装いは以前とあまり変わらないように見えたが、疲弊していて落ち着きがないようにも見えた。

ルーベンさんは、２０１４年12月19日に難民不認定処分に対する異議申立てが棄却されたとの告知を受け、それ以降、家賃も生活費も受け取れなくなってしまい、たちまち生活に困窮していた。公益財団法人アジア福祉教育財団・難民事業本部（ＲＨＱ）からの保護費は、異議申立ての結果が出されるまでの間は支給される。ところが、異議申立手続が終了し、難民として認定されないと、保護費の支給は即日停止されてしまう決まりだった。再度、RHQから保護費の支給を受けるためには、2回目の難民申請を行い、かつ、1回目の難民申請の不認定処分に対して取消訴訟等を提起したうえで、再度保護費の受給を申請しなければならない。

さらに、ルーベンさんは、異議申立ての結果が出るまでに12月分の1カ月分の保護費を受け取っていたので、告知後の約10日分の費用を返却するよう求められていた。しかし、仕事をすることは許されていない。当然食費も必要なわけで、保護費がストップすると、家賃も払えなくなっていた。家主からは賃料を払わないなら出て行ってくれと苦情を言われていた。このような状況でお金を返したくても返せる当てなどなく、同時に生きていくためには再度保護費をもらえるようになることが必要だった。

「保護費をもらうためには、裁判が必要です。急いでお願いします」

「事情はわかりました。ただ、あなたの申請に関する記録も見る必要があるんです。あと、前にお聞きしたこともありますが、あなたから改めてお話を伺いたいです」

彼の急ぐ事情はわかっていたが、弁護士の立場としては、彼から直接事情を確認する必要がある。そのうえ、難民の手続では供述の信用性が重要なポイントになるため、手続の中で供述に一貫性があるかどうか、難民性を基礎づける根幹となる内容が話されているか等を確認する必要がある。彼が入管に提出した難民申請書や資料、難民申請手続で難民調査官が作成した供述調書なども確認する必要があった。

こうした資料を確認するためには、個人情報の開示請求の手続をして、入管から開示を受けなければならない。そして、開示請求の手続をするためにも、印紙代や郵送費がかかる。一方、この時ルーベンさんの手持ちのお金は１０００円しかなかった。ルーベンさんは、ＪＡＲに支援をお願いしたが、ＪＡＲに行くためにも交通費がかかる。ＲＨＱの保護費が再開するまでの間、ＪＡＲは最低限の生活費の支援を行っていた。情報開示請求の手続も行っていたものの、通常、書類が届くまでに1カ月から2カ月かかるので、わたしのところに相談に来た時点で記録はまだ届いていなかった。

「グルジアに強制送還される可能性はありますか？　グルジアには絶対行きたくありません」

ルーベンさんは以前の相談の時と同じ質問をし、同じことを訴えた。

「裁判を提起してその審理が続いている間は、強制送還されることはまずありません。しかも、あなたの場合、旧ソ連のグルジアを出てから相当な時間が経っています。グルジアの国籍を証明するものもありませんね。日本がグルジアに強制送還をすると言っても、その場合、飛行機で行くしかないですよね。でも、あなたにはパスポートがないので、グルジアがあなたのことを受け入れると表明して、トラベルドキュメントなどを出さなければ、グルジアには行けません。あなたにはグルジア国民であることを証明する書類が何もないので、グルジアからすれば国民でもないわけです。グルジアがすんなり、あなたのことを受け入れるとは思えません。というわけで、現実的にグルジアへの強制送還は困難だと思います」

「そうですか。それならいいんですけど」

私の説明だけでは不安は拭いきれないようだった。

「あなたがグルジアに帰りたくないのは、グルジアを出る以前に起きた出来事が理由ですか?」

「はい、そうです。私はアルメニア人です。今もアルメニア人はひどい目に遭ってます。絶対に帰りたくありません」

ルーベンさんに出国経緯を確認すると、1993年頃にグルジアを出て各国を放浪し、日本には2010年に来日したということだった。そして、難民不認定処分が出たのは2011年。法律上、難民申請手続では、難民不認定の処分を受けた当時に、難民該当性が存在しなければならない。そのため、1993年当時に難民該当性があっても、それから18年経った処分時の2011年時点においても、同じく難民該当性の事情があることを立証しなければならない。

わたしは相談を受けた時点で、仮に当時の旧ソ連の崩壊の混乱のさなかに迫害を受けるおそれがあったことを立証できたとしても、それが現在も継続していると認定してもらうことは、相当厳しいのではないかという感覚を持った。そのうえ、日本の難民認定は、針の穴に糸を通すよりも難しい。弁護士の立場から見て、なかなか厳しいな、と思った。

一方で、彼は無国籍であり、日本政府も無国籍だと認めていて、その点に争いはなかった。このことは、彼にとって有利に働くのではないかと考えた。グルジアへの送還可能性は低いので、送還見込みのない国へ退去を命じることは、無理難題を当事者に強いることになる。何より強制送還を実施するのは国の責務だ。国家がそれを履行できないにもかかわらず、その間、強制送還の対象とされた人間に、仕事をすることも許さず、生きる糧も与えず、生活保護や健康保険など社会生活を送るうえでのセーフティーネットも保障しない。それでは、人が生きることそのものを否定するに等しいではないか。国家によるそのような理不尽は通らないと、裁判所にわかってもらえるのではないかと思ったのだ。

とはいえ、わたしには、旧ソ連・グルジア出身の難民を担当した経験はなく、おそらく難民事件を扱う他の弁護士にも経験がないと思った。全国難民弁護団連絡会議（全難連）には、一定の出身国情報が蓄積され共有されているが、グルジアに関する資料は確認できなかった。

わたしは、ルーベンさんの裁判受任を前向きに考えていたが、資料の収集や出身国情報の調査が不可欠なため、田多さんに協力を仰ぎ、資料を確認してから受任する方針とした。

一度は断る

相談を受けてから約1カ月後の2月初旬の金曜日、ルーベンさんから電話を受けた。難民申請に関する記録を受領したので、こちらに持ってくるという連絡だった。彼はJARのオフィスから連絡をしていたので、すぐに歩いていずみ橋法律事務所にやって来て、資料を渡してくれた。そして、その週明け、再びルーベンさんから電話があった。

ルーベンさんと話をすると、ＲＨＱからの保護費がストップしていて、いつ家を追い出されるかもわからない状況なので、一刻も早く裁判をしたいということであった。状況から、早くしてほしいという気持ちはよく理解できた。

一方で、わたしは大量の記録に目を通している最中で、1週間ほど時間が必要であると伝えたところ、ルーベンさんは1週間は待てないと言った。結局、別の弁護士に相談することになり、わたしの方は引き受けることを断り、何かあれば連絡してくださいと伝えて電話を終えた。弁護士としては、この事件は単純ではなく簡単でもない。引き受けたとしても、提訴するまでには出身国情報の調査や検討を含め、相応の時間がかかることも見えていた。本人が、必要な段取りを踏むことを理解し、それに納得してもらえなければ、受任したとしても、行き違いが生じてしまう。これからこの困難な事件に対処していくうえで、彼とは信頼関係を築いていく必要がある。提訴を急ぐあまり、最低限必要なことを経ずに進めることは、できれば避けたかった。もどかしい思いを抱えながらも、こういうときは、慎重に事を進めたほうがよいという思いがよぎり、葛藤しながら踏みとどまった。もし引き受けてくれるところが無ければまた連絡がくるかもしれない、その時には引き受けようと自分の気持ちにケリをつけた。

再び路上生活に

ルーベンさんは、その後別の弁護士にも相談をした。しかし、彼のケースは込み入っているので、様々な事情を尋ねられた。ところが、ルーベンさんは、相手から質問を受けても、異議申立てを棄却した決定書に書いてある不認定の理由は間違っていると繰り返し、〝自分は難民であるのにどうしてわかってもらえないのか？〟という憤りから、相手の話を途中で遮ってしまうことが繰り返されたようで、事件を引き受けてくれる弁護士を見つけることができなかった。ルーベンさんの相談に付き添っていたJARのスタッフは、その様子をもどかしく見ていたという。それでも、諦めずにとにかく自分で出来ることを考えて、ルーベンさんはその後2回目の難民申請を行った。

保護費の支給がなくなり、食べ物を買うお金も底をついて、ルーベンさんは、セカンドハーベストやJARから食料の支援を受けた。家賃も滞納が続き、支払える目途もついていなかった。そんな状況の中で、ルーベンさんの体調はみるみるうちに悪くなっていった。まず、右膝が痛み、背中も痛んだ。左の臀部にはおできのような腫瘍ができて、椅子に座ると痛んだ。身体は限界を超えて、あちこちで悲鳴を上げていた。病院にかかるお金もなかったが、耐えかねてJARに相談すると、健康保険がなくても対応してくれる病院やクリニックがあるので、診察を受けてはどうかと勧められた。緊急性があるため、費用はJARの方で何とか対処してくれた。JARのアドバイスに従いクリニックで診察を受けると、ルーベンさんは、気管支炎と肺炎と診断されて薬を処方された。医師からは、とにかく休息するようにと言われた。しかし、追い打ちをかけるように、診断された翌日、3カ月間家賃を滞納していること、いつ家賃が払えるようになるかの目途も立たないことを理由に、大家から出ていくように強く言われた。ルーベンさんはどうすることもできず、やむなく家を出るよりほかなかった。こうして、再び住む家を失った。この日は金曜日で、お金もなく、他に行く当てもなかったので、持てる荷物を持ってＪＡＲの近くに向かった。

ＪＡＲスタッフのブライアンさんからの電話

ルーベンさんが家を追われることになる前日、わたしは、ＪＡＲスタッフのブライアン・バーバーさんからルーベンさんの件について相談の電話を受けていた。ブライアンさんは、アメリカ・ニューヨーク州の弁護士資格を持ち、海外の難民支援団体とのネットワークづくりやケース対応にも従事している人だった。

ルーベンさんの現実的な困窮状態を踏まえて何とか支援できないかという連絡だった。私たちはこのケースでお互いに思ったことや訴訟した場合の方針などをざっくばらんに議論した。

ブライアンさんは、異議が棄却された後ＪＡＲを頻繁に訪れるルーベンさんの案件に関心を持ち、よく話を聞きその内容をまとめていた。また、ルーベンさんが相手とコミュニケーションがうまくとれないために誤解を受けやすく、結果として、話の内容を信用してもらえなかったり、まともに対処してもらえない傾向が強いとも感じていた。ルーベンさんは、自分が「難民」であるということにこだわっていたが、ブライアンさんは、日本の難民認定の厳しさを踏まえて、「無国籍」である彼の特徴を強みにするのはどうだろうかと考えていた。

　わたしも、ブライアンさんの意見には賛成だった。日本の裁判実務の現状を踏まえると、難民性を単独で主張しても、良い結果が得られるとは考えにくい。何より国家の崩壊が原因で無国籍となったことは本人には責任がなく、それゆえに行き詰まっているこの窮状を正面から主張すれば、勝機があるのではないかと思うとも伝えた。そのうえ、本人は、あれだけ「絶対グルジアには帰りたくない」と言っているのに、もし送還先をグルジアに指定していたとしたら、入管法が国籍国以外への送還については、本人の希望によって、送還先を決めることと定めている以上退去強制令書が違法になる可能性が高いのでは、と考えていた。

　グルジアへの送還の見込みがないのに退去を強制されても、本人としては不可能を強いられているに等しい。今の日本社会で仮放免許可のままでは仕事もできない。このことは、日本も批准している「市民的及び政治的権利に関する国際条約（自由権規約）」上、人権侵害だと構成できるのではないかと考えていた。

　ブライアンさんは、わたしの考えに賛同してくれたが、本人がこの方針でいくことをなかなか受け入れないかもしれないので、そこは「話してみる」とのことだった。その後、ブライアンさんから、ルーベンさんに説明して了解を得たという連絡があり、私たちは打ち合わせをすることになった。

　ルーベンさんは、家を追い出された後、ＪＡＲのオフィスがあった四ツ谷付近で、金、土、日と3日間を路上で生活して、月曜日の朝にJARを訪れた。この日、ルーベンさんの体調が悪い上に、ホームレスになってしまったため、JARは緊急性が高いと判断し、家探しを支援し、幸運にも即日入居できる家が見つかった。

3度目の面談で受任

ルーベンさんが新しい家に入居するその日、わたしはルーベンさんとブライアンさんと打ち合わせをした。ルーベンさんと会うのは3度目だった。

ルーベンさんに、裁判では難民と無国籍について両方の主張をすることを説明して了解を得て彼の裁判を引き受けた。退去強制手続の記録については、入管から資料を開示できるという連絡を受けていたが、入管に行く交通費がなく、まだ取りに行けていないとのことだった。

記録を早く確認したかったので、入管までの往復交通費約2000円をその場で立て替えた。日本弁護士連合会（日弁連）の法律援助の申請が通れば、この費用も賄える。援助が出るまでには少し時間がかかるので、先を急ぐためにその場で渡したのだった。法律援助の申請前にこのような対応をするのは、初めてのことだった。

裁判の打合せをするためにも、何度か事務所まで来てもらう必要があり、その交通費も必要だった。だが、この点については、当面の間JARが支援してくれた。こうした支援団体からの現実的な支援と協力がなければ、裁判を提起することは事実上厳しく、難民を支援するためには、当事者の現実を踏まえて、車の両輪のように法律上の手続と生活支援との両方が必要なのだ。連携すること、協働することの大切さを実感し、いつにもまして、支援団体の存在意義とありがたさを感じた。

先輩弁護士の協力を得る

裁判を引き受けたのはいいが、提訴期限は迫っているうえに、難民、無国籍と論点が多く、事実関係も複雑だ。一人だけでは充分な準備と訴訟活動が出来ないと感じて、もう一人弁護士を増やした方が良いと直感していた。そして、同じ事務所に在籍する先輩の鈴木雅子弁護士に一緒に担当してもらえないかとお願いした。鈴木弁護士は、普段から相談に乗ってくれる姉弁の一人で、これまで渡邉弁護士とともにビルマ弁護団を率いてきた弁護士である。外国人の司法アクセス向上のために弁護士のネットワーク団体を立ち上げたり、外国人を専門に扱うパブリック事務所を開設したりするなど、外国人のための法律支援に奔走している。お願いすると、鈴木弁護士は快く引き受けてくれた。力強い味方を得たことで、さらにエネルギーが湧いてきた。そして、提訴に向けて準備を進めていった。

弁護士費用は日弁連から

ルーベンさんは、生活費にも困窮している状況だったので、当然、訴訟のための弁護士費用を捻出することなどできなかった。とはいえ、わたしたちも全くの手弁当で仕事をするとなると限界があり、十分に責任を果たすことも出来ない。そのため、資力のない難民の裁判をする場合、日弁連が弁護士費用を援助する仕組みが存在する。日弁連法律援助制度と呼ばれるものだ。

通常、経済的に余裕のない人が交通事故にあって損害賠償を求めたり、当事者間で離婚協議が調わないときなどは、国が設立した「法テラス」で無料法律相談を受けたり、弁護士費用を立て替えてもらったりする法律扶助制度を利用することができる。しかし、法テラスは国費で運営されているため、原則として民事事件に限定されており、利用者についても、非正規滞在の外国籍者の場合は利用することができない。こうした一定の制限があるため、日弁連が弁護士から徴収している会費のなかから、一定の類型の人権擁護に必要な弁護士活動について費用を捻出することとなっている。

日弁連は強制加入団体なので、弁護士として活動するのであれば、みな加入しなければならない。ルーベンさんの事件を引き受けた2015年当時、わたしは弁護士会費として毎月4万7500円を納めていた。この会費の中から、一部、難民のための法律援助の費用が出ているのだ。

難民事件の訴訟を受任すると、まず着手金と実費が支払われる。翻訳費、通訳費、交通費などの実費には上限があり、最初に2万円だけ振り込まれる。あとは弁護士が立て替えておいて、終結したときに一定の上限額までは精算することになっている。ところが、難民事件では、通訳、翻訳が必要で、あっという間に上限額まで達してしまうことも少なくない。案の定、ルーベンさんの事件でも、上限額を越えてしまった。超過部分は、本人に支払う資力がないので、結果として、弁護士が自腹を切ることになる。そうしたことも、ある意味、この種の事件では覚悟する必要がある。なお、裁判で勝っても、基本的に報酬は出ない。第一審は、判決に至るまで3年以上かかったので、時給にするとおそらく最低賃金を割り込んでいると思う。こうした類型の裁判の担い手が思うように増えていかない現実的な理由が、ここにあるといえる。そのため、昨今では、認定ＮＰＯ法人ＣＡＬＬ４（コールフォー）など、裁判費用をクラウドファンディングで集める市民活動も活発になってきている。

ルーベンさんの事件は、前例のない難民と無国籍が交錯した複雑な事案だったので、弁護士が複数で対応する必要があるとして、日弁連援助の特例である複数選任を申し込んだ。すると、二人分の着手金が認められた。軍資金としてはまずまずの滑り出しであり、吉報だった。

グルジア情勢の調査と入管記録の確認

提訴のためには、ルーベンさんの出身国である旧ソ連・グルジアの当時の状況を調べる必要があった。何かよい文献はないだろうかとインターネットで検索した。そもそも、わたしには、当時、グルジアという国についての知識はほとんどなかった。初めてルーベンさんと出会ったときに若干の知識を得たが、相談で終わったのでそれ以上の情報収集はしていなかった。ルーベンさんが〝ヒトラーのような人〟と説明した、グルジア独立当時の独裁者ともいわれる「ガムサフルディア大統領」の存在もよく知らなかった。そのため、腰を据えて一から調査する必要があった。時間制限さえなければ、世界史の勉強のようで割と楽しい部類に入る作業である。どのように国が成り立ち、どのような人々が住んでいるのか。どんな文化があり、どのような社会なのか。どうして迫害を受けるおそれを感じる事情が生じたのかまずは大きく掴み、本人の個別の事情と照らし合わせていく。

何かいい本がないかと思い検索すると、前田弘毅さんの『グルジア現代史』（東洋書店）というブックレットが目に留まった。前田さんは、西アジア（イラン・グルジア）史、コーカサス地域を専門とする研究者で、ブックレットの目次の中には「血まみれの独立と民族紛争の悲劇」という項目があった。これを見て、ルーベンさんの出国当時の状況を知るのに役立つかもしれないと、すぐに手に入れた。

ところで、ちょうど提訴の準備をしていた2015年4月、日本政府は、グルジアの呼称を、ジョージアへと正式に変更した。「グルジア」という呼称はロシア語由来であり、「ジョージア」という呼称は英語読みであるそうだ。もともと、国連加盟国の大多数が英語由来の「ジョージア」と呼んでいたうえに、ジョージア政府は2008年にロシアと武力衝突し、それ以来ロシア語由来ではない「ジョージア」という呼称に変更するよう日本政府にも求めていたようだ。

国の呼称は、いわばその国のアイデンティティであり、看板でもある。呼び方の変更を求めるほど、ロシアとの間には複雑な歴史的背景があることを、垣間見たようだった。

一方で、ルーベンさんからは、退去強制手続に関する記録を入手した。難民申請手続と退去強制手続の調書の中には開示が認められていない黒塗り部分が相応にあった。２つ分あわせた厚みでいうと10センチを超えており大部な記録である。

記録を見ると、国籍の認定が「アルメニア」から「無国籍」に途中で変わっているなど、入管内部の混乱の様子が垣間見えた。また、違反調査の段階で６回も調書が取られており、通常のケースよりも、多くの面接が行われていることがわかった。入管職員も、彼の長い複雑な背景事情を確認するのに、苦労しているような様子が窺えた。

その中で、興味を惹いた箇所があった。彼の送還先の希望についての聴き取りである。彼は、徹頭徹尾、一貫してグルジアには行きたくないと述べていた。仮に、難民申請が認められず退去強制が決まった場合、希望の送還先はどこかと問われると「１番が韓国、２番が北朝鮮、３番がベトナム、４番が中国、５番がフィリピンです。それがだめならブラジル、アルゼンチン、パナマ、ウルグアイです。アフリカ、南アフリカでもいいです。ロシアは一番最後です」と答えていた。すると、審査官から「真面目に答えてください」と言われ、ルーベンさんは、「真面目です」と答えていたのだ。

この記録を見て、彼の機知に富んだ側面が示されているように感じた。そして、退去強制令書には、グルジアを送還先と指定すると記載されていた。
これを見て、やはり入管法53条2項（以下は当時の規定）の問題を指摘できるのではないかと確信した。

（送還先）
第五十三条　退去強制を受ける者は、その者の国籍又は市民権の属する国に送還されるものとする。
2　前項の国に送還することができないときは、本人の希望により、左に掲げる国のいずれかに送還されるものとする。
一　本邦に入国する直前に居住していた国
二　本邦に入国する前に居住していたことのある国
三　本邦に向けて船舶等に乗つた港の属する国
四　出生地の属する国
五　出生時にその出生地の属していた国
六　その他の国

つまり、無国籍者の場合、国籍の属する国がないので、入管法53条2項が適用される。そして、「本人の希望により…いずれかに送還される」と規定されているので、そのまま読めば、本人の希望を無視することはできないはずで、本人の希望にしたがって決定されなければならない。

この送還先の候補の国の中で、ルーベンさんは、グルジアは希望とは正反対で絶対に嫌だと拒否していた。そのうえ、グルジア国籍を示す文書は何もなかった。挙げられた複数の希望国のうち、送還先の可能性としてあり得るのは、ルーベンさんの家族が住んでおり、言語も話すことができて居住経験もあるロシアではないか、とわたしは思った。ところが、ロシアは送還先として指定されることはなく、絶対に嫌だと言っていたグルジアが送還先として指定されていた。一方で、どうしてグルジアに指定されたのか、その判断過程は記録では明らかにされていない。たくさんの黒塗り部分があって非開示となっている。

裁判所でこの条文が正面から論点になって争われた事案はまだ見たことがなかったが、記録を読む限り、十分に議論すべき論点になると感じた。

わたしたちは、2015年5月に訴状を完成させて、東京地方裁判所に裁判を提起した。ルーベンさんが来日して、ちょうど5年が経っていた。提訴したことをルーベンさんやＪＡＲのスタッフにも伝えた。これでルーベンさんはＲＨＱに保護費を再度申請できるようになる。こうして、ルーベンさんの裁判はスタート地点に立ち、動き始めた。

第7章　一審での審理

2015年7月、第1回口頭弁論

提訴してから約2カ月が経った2015年7月のある日、ルーベンさんの裁判の第1回口頭弁論期日が東京地方裁判所で開かれた。

法廷には、傍聴席と訴訟当事者が着席する空間とを隔てる仕切のバー（柵）がある。わたしと鈴木弁護士はバーを押して入り、裁判官席に向かって左側、原告側の席に着席した。このバーを越えるとき、わたしはいつもかすかな緊張を感じる。当事者を代理して、裁判所に主張や思いを届ける弁護士という訴訟当事者としての責任の重みを全身で感じ、気が引き締まる瞬間でもある。

国側の代理人3名は、被告側の席に着席していた。裁判は公開であるため、誰でも傍聴することができる。しかし、この日傍聴席には誰もいなかった。わたしたちは、ルーベンさんの裁判について、積極的に傍聴を呼びかけていなかった。ルーベンさんは難民であるため、難民と認定される前段階で、メディアなどに事情をオープンにすることがこの時点では憚られたからだ。

広い法廷に、黒い法服を着た裁判官が３人入廷すると、担当書記官が事件番号を読み上げた。「平成27年（行ウ）第３０２号、難民不認定処分取消等請求事件」。それに続いて裁判長が「それでは、審理を始めます。まず、原告から訴状が出ていますので、原告はこれを陳述しますね」と述べ、裁判が始まった。

鈴木弁護士が席を立ち「はい、陳述します」と返事をした。

「甲号証は1号証から16号証まで全て写しで提出ですね」

事前に証拠として提出していた書類の確認を受け、提出した証拠書類の取り調べがなされた。

「続いて、被告から答弁書が出されています。被告もこれを陳述しますね」

当事者の主張は弁論と言って、口頭で主張することが前提とされているが、実務ではあらかじめ主張したい内容を書面で提出し、その内容を「陳述します」と答えると、書面の内容を読んで主張した取り扱いになる。裁判では、このように全部を読み上げることなく進めていく。そのため、実際の法廷ではとても事務的なやり取りに終始することが多い。こうして、既に提出済みの書面を、口頭弁論期日で、弁論したことにするための手続がすむと、今後の審理の進行が確認された。

「被告の反論には、どれくらいの期間が必要でしょうか？」

「夏季休暇もありますので、提出までに2カ月程頂ければと思います」

国側の代理人は、予め検討してきたと思われる準備期間を端的に伝えた。

裁判長は、双方の事情も踏まえて日程調整を行い、次回審理の期日を設定する。

「そうすると、提出が9月の上旬ですね。それでは、期日は1週間後の9月11日、午前10時30分はいかがでしょうか」

わたしたちは、自分の手帳をそれぞれ見て、その日時が空いていることを確認し「はい、お受けします」と答えた。

被告代理人も「差し支えありません」と返答した。

「それでは、次回期日は9月11日午前10時30分と指定します。本日はこれで終了します」

裁判長がそう言って一礼すると、3人の裁判官はおもむろに法廷を立ち去った。1回目の期日の所要時間は5分もかからず終了した。

民事裁判では刑事裁判と異なり、訴訟代理人がついていると本人の出頭は手続上必ずしも必要とされない。ルーベンさんの場合、出頭すれば裁判所までの交通費もかかるので、「初回期日でのやり取りは形式的ですぐに終わるので、当日は来なくても大丈夫ですよ」とあらかじめ伝えていた。そのため、ルーベンさんは出頭しなかった。

なかなか勝訴できない行政訴訟

国が決定した難民不認定処分や退去強制令書発付処分の取消や無効確認をするための裁判は、行政訴訟に分類される。日本の裁判所は、元来、司法消極主義と言われており、国の判断に積極的に踏み込まない傾向が強いという歴史がある。したがって、原告の請求を認める判決が下ることは、日本の司法では稀であり、裁判所が国の判断が誤っていたと評価するのは、よっぽどのことだとされている。

ルーベンさんの事件を提訴した東京地方裁判所には、当時、行政訴訟の審理を専門とする部署が4か所あった。しかし、担当する裁判官は、専門部に長年所属しているわけではない。概ね、約3年前後で入れ替わる。この約3年前後で裁判官が入れ替わることも、日本の難民認定率の低さに間接的に影響を与えているというのが、実務家としての実感だ。

難民に関する訴訟は、国内法の理解さえあれば判断できるというものではない。難民の定義は難民条約に書かれているため、難民かどうかを判断するためには難民条約を解釈する必要がある。そして、実際に難民条約が国際的にどのように理解されているのか、難民の供述をどのように評価するのか等、国際難民法の理解は不可欠なのだ。

こうした知識と実務経験の蓄積が専門性となって当事者の利益に役立つのだが、事件の審理とともに、裁判官が法律上の論点について理解を深めて専門性のある一通りの知見が深まった頃には、他の部署へ転勤したり異動したりしてしまう。そうするとせっかく培われた知見や判断が蓄積されない。裁判所の司法消極主義と相まって、こうした裁判所の司法行政上の構造的問題が、裁判所は国を負かすことはないという安心材料になり、国の厳しすぎる難民認定に関する判断を維持する一因となっているのではないかと思っている。

とはいえ、このような一般論はさておき、わたしにはこの事件については、なんとかなるのではないかと楽観視する気持ちもあった。それは、現実的に、彼を飛行機に乗せて、ジョージアへ強制送還することはおそらく不可能だと思ったからだ。強制送還は国の責務だが、現実的に強制送還をすることができないのならば、彼は日本にいるしかない。いわば、ルーベンさんは日本の領土内に閉じ込められてしまっているのだ。これが、無国籍者が直面する最大ともいえる深刻な問題である。帰国しようにも、どこにも受入国がない。しかも、無国籍になったことについて、ルーベンさん本人には何ら落ち度も責任もない。旧ソ連が崩壊するという国際政治のダイナミズムの中で、難民となり無国籍になった。そのツケを一個人に負わせるというのは、どう考えても理不尽である。裁判所にこの理不尽さが伝われば、きっと良い結果につながるのではないかと思っていた。ところが、わたしの読みは見事に外れることになった。

裁判上の主張と反論の攻防

裁判は、およそ2カ月に1回のペースで口頭弁論の期日が入り、双方主張を重ねた。原告訴訟代理人であるわたしたちからは、そもそも、難民認定とはどのようになされるべきかという一般論についての説明をつくし、出身国情報の調査も重ねて、ルーベンさんが難民であることを主張立証した。

一方、国の代理人は、ルーベンさんがアルメニア民族であることを示す証拠がないとして、ルーベンさんの供述を信用するに足りないと争い、また、仮にアルメニア民族であったとして、その体験を踏まえても、およそ難民に該当するものではないと反論した。

また、わたしたちは、日本国憲法が、条約を誠実に遵守しなければならないと定めており、日本政府が批准等した自由権規約をはじめとする国際人権諸条約を遵守しなければならないこと、送還不可能な国に退去を命じながら、一方で、日本では就労も認めず、生活保障も与えず、自立して生きることを否定し、極度の貧困と困窮状態に陥らせることは、憲法13条の幸福追求権に反し、自由権規約7条が禁ずる「品位を傷つける取扱い」にあたることなどを主張した。

まさに、ルーベンさんは、難民申請の異議申立てが棄却され提訴するまでの間に、日本で住む家を失い路上生活に追いやられ、気管支炎にもかかり健康が損なわれ、自力で人間として生きていくために必要な社会的営みを禁じられるという危機的状況に追いやられていたからだ。

この点について、わたしたちは立証のために、憲法、国際人権法を専門とする研究者の近藤敦さんに意見書を依頼したところ、近藤さんは快く引き受けてくれた。

近藤さんは、被告の主張も確認したうえで、無国籍者の収容や退去強制に関する自由権規約や欧州人権条約などが適用された国際人権法の先例、諸外国の実務等を紹介してくれた。そして、送還不能な無国籍者を収容したり、退去強制したり、仮放免するだけで労働許可も社会保障受給資格の付与もなく、生活を維持する手段を禁じた形で放置することは、比例原則に反して恣意的であり、憲法13条、自由権規約7条違反になるという意見をまとめ、裁判所へ提出してくれた。

しかし、これに対して、国の代理人は、外国人に対する憲法上の人権保障は外国人在留制度の枠内で認められるにすぎないと判示した、昭和53（1978）年のいわゆる「マクリーン判決」を盾にして、全く、正面から取り合わなかった。

一方、国の代理人も、ルーベンさんが無国籍であることについては争わなかった。つまり、ルーベンさんが無国籍であることは認めていたのだ。しかし、入管法は、無国籍者に対して退去強制令書を発付することも予定しており、特別に放免する規定もあるため、仮に送還先が受け入れず送還不能であったとしても、退去命令が違法になるものではないと主張した。そして、実際にルーベンさんの受け入れ可能性について、送還先指定に先立ってジョージア政府に確認はしていないことを明らかにした。

さらに、入管法53条2項が「原告の希望により送還先を決定する」と定めた規定も、本人の意見を聴取すべきことを求めているにとどまり、本人が希望しない国を送還先に定めることを禁止するものではないと主張した。そのうえ、本人の利益も考慮すれば、送還先をジョージアとすることは〝有益である〟とまで述べた。双方こうした主張と反論を重ねながら、時は流れ、提訴から約2年が経過しようとしていた。

ルーベンさん入院

裁判上の主張が尽くされてくると、証拠調べのステップに移る。法廷における本人や証人の尋問である。その準備として、まず、ルーベンさんの陳述書を提出しなければならなかった。そのため、わたしたちは、ルーベンさんと打合せを予定していた。ところが約束した日時になってもルーベンさんは事務所に現れなかった。これまで、約束をすれば普段は時間通りにやって来ていたので、何かあったのだろうかと思っていたところに、電話が鳴った。

それは、ＪＡＲのスタッフからのルーベンさんの体調不良を知らせる連絡だった。脚の痛みをこらえてＪＡＲまでやって来たものの、歩行困難な状態だったため、近くのクリニックで診察を受け、医師からは大きな病院で診察を受けることを勧められたそうだ。そのため、紹介状を書いてもらった病院に向かっているとのことだった。わたしは、大病でないことを祈りつつ、今日の打ち合わせはキャンセルにして、状況がわかったら連絡してもらうようにお願いした。

提訴したことで、ＲＨＱからの保護費を再び受け取れるようになり、住む家と生活費が準備され、当面の間、生活面の心配はないだろうと安心していた。しかし、裁判はすでに2年が経とうとしていた。この間も決して体調は優れなかったそうだ。先が見えない状況に変わりはなく、こうしたこともストレスで、体調に影響していたのだろうと想像した。

その後、ＪＡＲスタッフから改めて連絡があり、ルーベンさんは即日入院になったと教えてもらった。高熱があり炎症反応の値が高く処置が必要とのことだった。病名は、蜂窩織炎《ほうかしきえん》という聞き慣れないものだった。インターネットで検索すると、「皮膚深部から皮下脂肪の部分にかけて細菌が感染した状態」だということがわかった。わたしは、入院が必要なほど状態が悪かったことにショックを受けた。一方で、健康保険のないルーベンさんのような境遇の患者を受け入れてくれる病院があることに感謝し、そのために粘り強く交渉や調整をしているJARスタッフの存在とその仕事に心から尊敬の念を覚えた。

わたしは入院先の病院を確認し、折を見て医師と連絡を取ることにした。入院となれば、当初の予定通りに陳述書を提出することは厳しくなる。裁判所に説明して理解を得るためには、彼の健康状態や治療期間を確認し、診断書も取った方がよいだろうと考えた。

入院から約1週間経った頃、お見舞いを兼ねて病院を訪問した。診断書を作成してもらうためにも、直接担当の医師と話をしたかった。入院先は、大きな総合病院だった。窓口で見舞いの目的を告げると、病室を案内された。ルーベンさんは共同部屋の片隅で、片脚を吊り下げられ横になっていた。わたしはおそるおそるルーベンさんに声をかけた。

「ルーベンさん、こんにちは。体調、どうですか？」

「ああ、オダガワさん。だいじょうぶ、だいじょうぶ」

ルーベンさんはかすれ声でそういった。頬は赤く火照っており、見るからに熱がありそうだ。

「あんまり大丈夫そうじゃないけど…」

「うーん、あし、いたいです」

そう言って、起き上がろうとし、吊り下げられ包帯でぐるぐる巻きになっている右脚を指さした。見た目にもふくらはぎが大きく腫れあがっているのがわかる。

「そのままでいいですよ。痛そうですね…。裁判のほうは、お医者さんに診断書を書いてもらって、予定を延期してもらいますので、大丈夫ですよ。元気になってから、また打合せしましょうね」

「はい、ありがとう」

「何か必要なものとかありませんか?」

「ないです、だいじょうぶ」

「本当に?　何か飲み物とか買ってきましょうか?」

「いらないです、だいじょうぶ」

「そうですか、わかりました」

人として何かできることがないかを尋ねたが、わたしにできることは何もなかった。話をしてもどことなく心の距離を感じた。病気の姿をあまり人に見られたくないと思っているようにも感じられたので、長居はしないほうがいいと思った。

「それじゃあ、わたし、お医者さんのところに行ってきますね。ゆっくり休んでくださいね」

「はい、ありがとう」

身寄りがなく遠い異国の地で病気になり入院するというのは、どんな気持ちだろう。見舞いに来る親族や友人はいない。一人、病室で横になっているルーベンさんを前にして、わたしは胸が締め付けられるような思いがした。

担当医師と面談し、ルーベンさんの裁判を担当する弁護士であること、日本に頼れる家族はおらず、無国籍者の難民で、日本での滞在を認めてもらえるように裁判で係争中であること、裁判所に、状況をわかってもらうため、診断書が必要なことなどを伝えた。わたしにできることは、裁判で力を尽くすことだ。

すると、短い会話の中でも担当医師は素早く事情を理解してくれて、診断書に書くべき必要な事柄を確認して応じてくれた。その話しぶりから担当医師が彼の置かれた状況にも理解を示していることが伝わってきて、心ある医師でよかったと安堵した。

病院でのお見舞いと用事が済んで外に出ると、ちょうど咲き始めた桜が出迎えてくれた。ほんのりとしたピンク色の桜たちが、心にしみる。なんだか慰められたような気持ちになり、少し涙ぐんだ。

担当医師と面談した数日後に受け取った診断書には、次のように書かれていた。

「病　名　右下腿筋膜・蜂窩織炎
治　療　21日間
附　記　…
【入院予定期間】
炎症反応が順調に低下し、疼痛や皮膚症状が順調に改善すれば、入院時より約３週間ほどの経過で退院が可能となることが見込まれるが、疼痛の改善が乏しい場合や胸痛に対してさらなる検査が必要となった場合はその限りではない。…
【治療を行わなかった場合】
感染症の進行が予想され、敗血症となり致命的となること、下肢切断などの可能性がある」

裁判所には診断書を提出して、体調不良を伝え、陳述書の提出時期の延期を申し入れた。その後、治療関係者とルーベンさんの生活を支える支援者たちの献身があり、ルーベンさんは入院から16日後に退院することができた。とはいえ、退院の時には歩くことができず、車いすに乗り、ＪＡＲスタッフに自宅まで付き添われて帰宅したそうだ。

入管職員の証人申請等の却下

証拠調べの段階になると、証人として、ルーベンさんをジョージアへ退去強制することを決定した東京入国管理局主任審査官の取り調べを求めた。それは、裁判の中で、国が、本人の利益を考慮した上で送還先をジョージアに指定したと主張していたものの、どのようにして送還先が決定されたのか、その判断の過程を示す資料は何ら示されていなかったからだ。一体、主任審査官はどのような事情を考慮して、ジョージアへの送還が本人にとって利益であると決定したのだろうか。そもそも、具体的に本人の事情を考慮したのだろうか。本人は絶対にジョージアへは帰国したくないと伝えていたし、送還先の候補として他にも多数の国を挙げていた。そのため、一層この疑問は深まった。

証人として出廷を求めることに加えて、わたしたちは、国に対して、任意に送還先の決定に関する判断の過程がわかる文書を提出するように求めた。わたしたちの手元にある、情報開示手続で手に入れた退去強制に関する書類の多くは黒塗りにされており、入管の内部で、実際に、どのような判断がなされたのか、全く知る事ができなかったからだ。

主任審査官の判断の過程に不適切な検討や評価があれば裁量権の範囲を逸脱し、その処分は違法になりうる。入管での決定がなされた当時、手続は適正に行われたのか、その判断過程を明らかにすることは、この裁判の審理に必要だと考えていた。

ところが、国の代理人は、送還先の指定にあたり何を考慮したかは、主任審査官の「内心」を明らかにすることであり、その必要はなく、そもそものような判断を示した書面はないなどと反論して、取り調べも証拠の提出も拒否した。行政の判断に「内心」などあるはずがなく、国の反論には納得がいかなかった。そこで、裁判所に対して、裁判所の決定で文書を提出してもらうことができる文書提出命令を行うように求めた。

しかし、裁判所は、文書提出命令申立てを却下した。裁判における審理の対象は、裁判になってから、国が示した決定の理由ないし判断過程であって、処分をした当時の決定権者が実際に検討した判断過程ではないので、求めた文書を調べる必要がない、というのがその理由だった。そして、同様の理由で主任審査官を証人として採用することも否定した。

代理人として、この裁判所の判断には到底、納得できなかった。これを前提にすれば、裁判になった後、国は、いくらでも当初とは違うもっともらしい理由をつけて、処分理由を変更することができてしまう。それでは、実際に処分がなされるまでの間、適正な手続など保障しようがないではないか。処分を下した行政機関が、実際に何をどのように考慮して決定したのか、その判断過程にどんなに不適切な事情があっても、問題にすることができないというのは、行政にフリーハンドを与えるに等しいと思った。

文書提出命令申立に対する裁判所の結論と、裁判官との議論のやり取りから、この裁判を審理している裁判官達には、わたしたちの主張は全く理解されていないのではないかという懸念を強くした。個人に不可能を強いるような理不尽さ、そして、その理不尽さに苦しみ、そこから自ら努力して人生を変えようにも、そのために必要な社会的活動を全て禁止されている当事者の苦境と人間としての屈辱的な苦しみに関して全く共感が存在していないように感じられた。

しかし、それを嘆いてもどうにもならない。弁護士として、裁判も大詰めになってきたこの段階で、一体どうしたら裁判官の心証を変えていくことができるのか、苦慮した。残されている審理手続は、本人尋問だけである。裁判官が尋問前に一定の心証を形成していたとしても、当事者が直接語る言葉の重みは大きい。法廷で、トロシアン・ルーベンさんという人間を前に、その話を聞けば、裁判官の心証も変わるかもしれない。その当時、そのわずかな可能性にかけるしかなかった。

本人尋問

提訴してから約3年を迎えようとした2018年3月、東京地方裁判所の法廷で、英語の通訳人を介して、本人尋問が行われた。ルーベンさんの第一言語はロシア語だったが、通訳人が誤訳をした場合、わたしたちはロシア語を理解できないので指摘することができない。しかし、英語であれば誤訳だと気づける可能性がある。わたしたちとの打ち合わせも英語で行っていたので、ルーベンさんは英語の通訳人を希望した。

わたしたちがルーベンさんに尋問する持ち時間は90分。通訳人を介するので、実質的には45分だ。陳述書では、ルーベンさんがジョージアで受けた様々な差別、嫌がらせ、警察から受けた恐怖体験などを説明していた。ジョージアを出国してからたくさんの国を放浪した背景については、あまりにも長い経歴で、争点がむやみに広がるのではないかと考え、訴訟戦略としてあえてその点については問題にしなかった。

陳述書は約10カ月前に提出していたが、その後文書提出命令に関する審理手続が思いのほか長引いたため、改めて尋問のために打ち合わせをすると、これまで聞いたことのないエピソードが出てきた。ルーベンさんは旧ソ連・ジョージアの時代、実にたくさんの仕事についていたが、同僚から差別や嫌がらせを受け給料もきちんと支払われず、どの職場でも仕事を続けることができなかったことがわかった。そこで、尋問では多くの職場で彼が経験した差別に目を向けて、その差別が難民性を基礎づけることに焦点を当てる方針で行うことにした。

当日法廷に出向くと、いつものように黒い法服を着た裁判官が3人現れたが、これまでとメンバーが一人違っていた。

「裁判官が交替しましたので、弁論を更新します」

衝撃だった。わたしは、この段階になって裁判官が変わったのかとショックを受けた。これまでにもこの訴訟で裁判官は裁判長を含めてすでに4回交替しており、訴訟提起した当時の裁判体とは全く構成が変わっていた。その上、今回交替した裁判官は左陪席であり、判決を書く可能性が高い立場にある人である。裁判の終結間近である尋問時となると、交替したばかりの裁判官はきちんとこれまでの裁判経過を理解しているのか、記録をしっかり読み込んで争点を理解しているのかと不安が胸に広がった。

しかし、尋問当日にそんなことを考えても仕方がない。尋問に集中しなければならない。

「これから原告本人を取り調べます。原告は、証言台の前に立ってください。まず嘘をつかないという宣誓をしてもらいます。もし記憶と違うことを話したら、過料という制裁を受けることがあります。それでは、その宣誓書をもって、読み上げてください」

「良心に従って真実を述べ、何事も隠さず、偽りを述べないことを誓います」

「それでは原告代理人、どうぞ」

「はい、それでは原告代理人の小田川から質問します」

「あなたの第一言語はロシア語ですか」

「はい、もちろんです」

「ロシア語と比べると、あなたのグルジア語というのは、どれくらいのレベルですか」

「もしロシア語を100％とするのであれば、グルジア語は5％から10％です」

「当時のグルジア・ソビエト社会主義共和国の公用語には、ロシア語が含まれていましたよね」

「エストニアからラトビア、カザフスタンまで、みんなロシア語を話していました、公用語としてです」

「乙34号証を示します。これは、日本の外務省が今のジョージアに関する基礎データを書いている文章なんですが、この中に「5.言語」があって、現在のジョージアの公用語はジョージア語だと書いてあります」

「今は、そうです」

「ロシア語は公用語ではないということですね」

「ロシア語で話をすると、犯罪になり得ます」

当時のグルジアは旧ソ連に属していたので、ロシア語が公用語とされていたが、独立した後ジョージアはジョージア語を公用語にしており、ロシア語は公用語には含まれていない。ロシア語を話すと犯罪になりえるという回答は、さすがに言い過ぎではないかと思ったが、いじめや民族差別を受け暴力を振るわれてきた当事者であるルーベンさんの気持ちとしては、そのような思いなのだろうと考え、訂正させるほどではないと判断した。

何よりルーベンさんが生まれ育った国と独立した後の国とは公用語さえ異なる、まるで違う国になってしまっていることを裁判官に理解してもらいたかった。

「あなたのお仕事の経験について伺います。どんなお仕事に就いたか言えますか」

「たくさんの仕事をしました」

「思い出せるお仕事を言ってみてください」

「たくさんの仕事の中で、いくつか申しますと、金属製造工場、そしてプラスチックの工場、それから金属をプレスする工場で仕事をしました。あと、それからイラストレーターであったり、靴職人、そして警備、コンクリートの製造、そして電車のセキュリティーというような仕事もしました。あと、マーケット、市場でものを売ったりもしていました」

ここで、通訳人は、彼の「restorator」という発言を、「illustrator」と誤解していた。たとえ英語に堪能であっても、その人のルーツなどを知らない初対面の人が何を言っているのか、正確に理解して通訳することは非常に難しい。そのテーマで会話をしたことがなければ、本人固有のアクセントの問題などもあり、誤訳になることは避けられない。そもそも、通訳人を介して話しを聞くということは、そうしたリスクが常に伴うものだ。しかし、それが、裁判で、当事者の不利益になることは避けなければならない。むしろ、訴訟関係人は、そうした危険性が伴うことを常に考慮していなければならないのだ。

「今リストレーターと言ったのは、リストレーションという、イラストレーターではなくて、絵とか修復をするというお仕事でよろしいですか」

「アルミなどの置物、彫刻、そういったものの修復をする仕事です」

「ひとつずつ、どれくらい働いていたのか、どうしてそのお仕事を辞めたのかということについて伺います。25年くらい前の話なので、記憶の限り思い出してください。まず、金属加工工場ということですが、どれくらい働いていましたか」

「4、5カ月だと思います」

「どうして、そこのお仕事をやめたんですか」

「私に全額の給料を払わなかったからです。いつも少ない金額でした」

「プラスチックのプラントのコンストラクションという話があったかと思いますが、そこはどれぐらい働いていたんですか」

「6カ月ほどでした。だいたい、ハッキリと覚えていませんが、だいたい6カ月ぐらいです」

「そこは、どうしてお仕事を辞めたんですか」

「私の父がそこで働いていたことがあって、私はそこに行きました。そこの会社で名前を聞かれて自分がトロシアン・ルーベンだという話をしたところ、トロシアンということは父の親戚なのかというふうに聞かれまして、私の父ですと答えました。それ以降、私のことを排除するように、いじめられるようになってしまったので、それで辞めました」

「今、〝プッシュフィジカリー〟と言ったかと思うんですけど、それは肉体的に、実際に暴力というか、押されたりぶつけられたりということもあったんでしょうか」

「はい、暴力的でした。実際に、押されたり、歩いていて、すれ違いざまに殴られたりしてました」

ここでも、通訳人は、「They pushed me physically」という発言を、「いじめられるようになった」と通訳した。いじめを受けたことに間違いはないのだが、その内容は、肉体的な暴力であったことを強調したかった。「いじめ」と言っても行為態様は様々だ。押されたりぶつかってこられたり、身体的に危険を伴うというのでは、事実関係が異なり、印象が全く異なるからだ。

「それは、どういう人から、そういうことをされるのですか」

「そこで仕事をしている人たちです」

「その人たちの民族はどこですか」

「彼らはみんなジョージアの民族でした。それが理由で自分のことを押してきたんだと思います。私はアルメニア系ですので、仕事を辞めさせるために、そのようにされました」

「お給料は払われていましたか」

「いいえ」

「全く払われなかったんですか」

「はい」

仕事で体験した様々な差別について、ルーベンさんはよどみなく語った。それから、ルーベンさんがこれまでに様々な国で国籍を取得しようと努力し、試みてきたものの実現できなかったことや、日本でも代理人を通じてジョージア大使館にコンタクトを試みたが、返事がなかったことなどを確認していった。主尋問では、ルーベンさんと打合せを重ね、準備した甲斐もあって、ルーベンさんはよく答えたと思った。

反対尋問

続いて、ルーベンさんは、国の代理人から反対尋問を受けた。国の代理人は、ジョージアの憲法に平等原則が書かれていることや、差別撤廃の法律があることを知っているかと尋ねていた。しかし、平等原則の憲法や差別撤廃の法律の理念だけで、差別が防げるものではない。それを理解した上で日常生活での実践が必須である。これは日本でも同じだ。それに、ルーベンさんがそのことを知らなくても、彼の差別経験を否定することにはならない。

また、国の代理人は、過去にルーベンさんがヨーロッパで身分を偽って難民申請したことを一つ一つ確認していった。まるで難民申請の濫用者であることを印象付けようとしているかのようだった。そして、彼の身分を証する文書について問題にした。

「あなたは、最近、外国からあなた自身の旧ソ連国内移動旅券の写しを送ってもらったことがあったのではないでしょうか」

「はい」

「出生証明書の写しも送ってもらったということはありませんでしたか」

「はい」

「その送ってもらった国内移動旅券と出生証明書の写しは、今どこにあるのですか」

「私の部屋です」

「以前、あなた自身が持っている、だから提出するという、そのような説明を入国管理局に対してしたことがありますか」

「提出するということに関しましては、最初に自分の弁護士の先生たちに連絡を取って、それから提出したいと思っていました」

「あなたは最初、入国管理局に提出すると約束したけれども、これまで実際に提出していませんよね」

「はい、まだです。というのは、今日のこの裁判を待っていたからです」

「あなたは、日本で2回目の難民認定申請を行って、手続をつい最近まで行っていたということですね」

「はい」

「9月のインタビューの際、国内移動旅券と出生証明書の写しを入国管理局に提出すると、そういう話をしましたか」

「約束はしていないんですけれども、まず最初に弁護士の先生に相談して、それで提出するという話でした」

「昨年10月のインタビューの際に、実際提出しない理由について、どのような説明をあなた自身がしたか覚えていますか」

「何が起こっているのか、まず最初に相談しない限り、もしかしたらジョージアに強制送還されてしまうかもしれないという恐怖があったからです」

「確認ですけれども、あなたの国内移動旅券と出生証明書の写しはこの裁判には提出されていないのですが、それがなぜであるのか、あなたはどのように考えていますか」

「持ってこなかったからじゃないですか。それだけだと思います」

国の代理人の質問とそれに対するルーベンさんの回答は、微妙に噛み合っていなかった。また、わたしたち弁護士が提出しなくていいと言ったから提出してないのだ、とも受け止められる余地があった。実は、この点については、わたしたちも身分関係の書類を提出することは彼の利益になると考え、何度か促していた。しかし、ルーベンさんは、それらを出すとジョージアへ強制送還されるのではないかと心の底から怖れていた。そのため、証拠として提出していなかったのだ。

わたしたちは行政機関ではないので、提出したからといって強制送還の可能性は１００％ないとは言えなかった。もっとも、それらは旧ソ連時代のものであり、現在の国籍証明書ではない。実務としては、ジョージア政府が受け入れを表明しない限り、送還は不可能だ。相当に古い旧ソ連時代の書類があるからと言って、直ちにジョージアへの送還の可能性を高めるものではないとも思っていた。そのように説明して理解を得ようとしたが、ルーベンさんは１％でもあるのなら避けたいという気持ちが勝っていた。わたしたちの説明では、ルーベンさんの恐怖を伴う不安を取り除くには十分でなかった。そしてそれこそがまさに、彼が難民であることを裏付けるような反応だった。そのため、わたしたちは、彼の意に反してまで、それらの書類を裁判で証拠として提出することはできなかった。

ところが、国の代理人は、このことを逆手に捉えていた。ルーベンさんが身分証を提出しないのは、身分を隠して偽っているからである。審査を受ける者として、難民認定を求めるのならば正直でなければならないのに、彼は正直ではない。書類を提出しないのは、あえて無国籍のままでいようとするようなものだ、と評価しているようだった。

「あなたは日本を仮に出国する場合は、ジョージアとイギリス以外の国への出国を希望しているということですか」

「自分は、ここで難民の認定を受けたいと思ってます」

「仮に、あなたが日本を出国する場合、あなた自身のパスポート、身分事項を明らかにする旅券が必要になるということ、それ自体は理解していますか」

「はい」

「そのようなパスポートなくして、何か国もわたり歩いて違法に各国に入国してきた、日本にも違法に入国したということですね」

「はい」

「そういった状況を解消するために、あなたは、先ほどの出生証明書等を使って、ジョージアの国籍を取得して、ジョージアのパスポート、旅券をひとまず手に入れようと、そういった考えはお持ちになっていないんですか」

「ジョージアのパスポートは違います。あり得ません」

やり取りを聞いていて、身分証を提出していなかったことが、まるで裁判所をも欺こうとしていると勘違いされるのではないかと懸念した。そこで、改めて不提出の理由を確認した。

「出生証明書と旧ソ連の国内旅券を、入国管理局に提出しなかったのはどういう理由ですか」

「まず誰かと相談しない限り、もしかしたらジョージアに送り返されてしまうというおそれがあったからです」

「その出生証明書と旧ソ連のパスポートがあると、今あなたがグルジア国籍を持っているということになるんでしょうか」

「いいえ、そこにはっきりと書かれているのは、私の国籍はアルメニア人であるというふうに書いてあります」

「〝ナショナリティー〟というのは、今、国籍と訳されたんですけれども、あなたの言うナショナリティーというのは、アルメニア民族という意味ですか」

ここでも、翻訳の難しさがあった。ルーベンさんにはアルメニア国籍はないので、彼はアルメニア国籍という意味で「nationality」と言ったのではないと思った。

「はい、民族です」

そして、既に主尋問で確認済みであったが、改めて、わたしたち代理人が在ジョージア大使館と連絡をとったことを確認した。

「あなた自身は、グルジア大使館に日本で連絡は取っていないんですけれども、代理人を通じては連絡を取っていますよね」

「はい」

「それは、あなたがグルジアのパスポートを取れるかどうかということ含めて、グルジア大使館に確認しているというふうに聞いていますか」

「はい」

「代理人からは、大使館に連絡しても返事が全くないというふうに聞いているんですね」

「はい、返事がない」

実は、わたしたちはルーベンさんがジョージアの国籍を取得できることはないのか確認するため、ジョージア大使館に連絡を取っていた。国籍取得の可能性があるとすれば、無国籍であっても、国籍を取得すればよいではないかと言われかねない。確認したうえで、国籍を取得できないことがわかれば、こちらの主張を補強することになる。一方で、仮に国籍を取得できるのならば、旅券を得られる可能性が出てくる。ジョージアへの送還が耐えられないとしても、旅券があれば、別の国に適法に行くことができるようになる。代理人としては、国籍の取得は、彼にとって必ずしも不利益ではないと考えていた。

当初、ルーベンさんは大使館へコンタクトを取ることは嫌がっていたので、個人情報を伏せたまま、国籍取得の方法について一般論を尋ねようとした。ところが、ジョージア大使館には、直接訪問したり、電話やメールで何度も連絡を試みたのだが、なかなか返事が得られなかった。ようやく返事があっても、こちらが知りたい事については回答が得られなかった。

わたしたちは、個人情報を明らかにしなければ、具体的な回答は得られないのではないかと考え、個人情報を伝えたうえで、国籍取得の可能性について尋ねた。しかし、相当期間が経過しても返事はなかった。やはり、ルーベンさんがジョージア国籍を取得することは不可能に近いと考えていた。

裁判長からの補充質問

これまで双方の代理人と本人のやり取りを聞いてきた裁判長がおもむろに口を開いて、質問した。

「先ほど話に出た旧ソ連の国内パスポートと出生証明書、あなたがお持ちというものですけれども、それはこの裁判の代理人にはお見せになりましたか」

「はい」

「見せたところ、代理人はどうおっしゃっていましたか」

「その後、議論して、もし必要であればここの法廷でお見せするということになりました。ただ、今は、自分は一緒に持ってきておりません。家に置いてあります」

「結局、必要ないということになったんですかね」

「何のために？」

「この裁判の証拠として出す必要はないという結論になったんでしょうか」

「そうではなくて、もし必要であれば提出することは可能です」

「なので、今もう裁判は終わるんですけれども、もう必要ないということでいいですか」

「必要であれば提出することはできます」

「被告の国は、あなたがアルメニア民族であること、それからトロシアン・ルーベンであるという氏名であることを疑っています。それを出せば、証明できるんじゃないんですか」

「はい。ですから、私が考えていたのは、必要であれば提出するということ、この先、また入管に手続しなければいけないとき、この件で控訴をするときに、自分はもっとまた更なる証拠が必要になると思うので、そのときに、出生証明書と国内旅券、それから、インターネットで書いてある今ジョージアでどんなことが起こっているのか、殺人とか、拷問とか、そういった起こっていることに関する記事も一緒に提出したいと思っています。そして、この出生証明書なんですけれども、私の顔の写真がついていないので、ある意味これがちゃんとした証明になるのかがちょっと分かりません。そして、この送ってもらった国内用の旅券なんですけれども、これも、私の友達がなぜか理由はわかりませんが、ニュース新聞などの記事から切り抜いた別の人の顔をのりで貼り付けてしまったために、そのパスポートの写真が変わっています。パスポート、そして、出生証明書、これはきちんとしたものではあるのですが。ですから、そういった状態なので、それが自分の書類であるということをどう信じてもらえるか分かりません。ですけれども、私に関する書類です」

ルーベンさんは、焦りからか雄弁になっていたが、裁判官がそれで納得したようには見えなかった。しかし、これ以上は不要と判断したのか「それでは、以上で終了します」と告げて、尋問は終了した。

　ルーベンさんの尋問は思わぬところに焦点があたり、終結した。わたしたちは、2回目の再難民申請の代理人にはなっておらず、入管とのやり取りについて話を十分に聞き取ることができていなかったことが悔やまれた。

　尋問の終盤で、ルーベンさんの態度は訊かれたことに正面から答えていない、証拠を提出しない理由も合理的でないという心証を裁判官に抱かせたのではないかと懸念した。それに、裁判官の質問の仕方も、わたしたちに懐疑的であるように感じられた。この尋問の結果を踏まえて、旧ソ連時代の国内移動旅券、出生証明書、グルジア大使館とのやり取りの報告書、イギリスで国籍取得に尽力したことを示す証拠を出した方がよいと考え、ルーベンさんの了解を得て、尋問から時を置くことなく提出した。

2018年7月、一審敗訴

　裁判の審理の過程で、裁判官の心証が明確に開示されることはなかったが、文書提出命令申立ての却下、尋問での質問内容などを踏まえ、こちらの主張に心証が傾いているようには思えなかった。そんな中で仕上げる最後の主張をまとめた最終準備書面の作成には思いのほか苦労した。鈴木弁護士と協力して何とか仕上げて提出し、提訴から3年が経過した2018年5月18日に弁論は終結した。

このときも、尋問時から更に裁判官が交替していた。壇上にいる裁判官のうち、尋問を聞いていたのは裁判長のみであった。同日、判決日は7月20日13時35分と指定された。裁判官の交替や思ったよりも早く判決が言い渡されることで、嫌な予感がした。

判決日の午後、わたしは別の仕事が入っており、法廷で言渡しを聞くことはできなかった。代わりに、事務局スタッフに判決を受け取りに行ってもらった。そして、事務局からのeメールで、裁判に負けたことを知った。

「主文　1　原告の請求をいずれも棄却する。2　訴訟費用は原告の負担とする」

全面敗訴だった。

判決理由を読むと、裁判所はほとんど被告の主張をなぞっており、悩んだ形跡すら全く窺えなかった。ルーベンさんがアルメニア民族であることを正面から認定さえしておらず、懸念した通りルーベンさんは裁判官に全く理解されず、信用されていないことが行間から読み取れた。ルーベンさんがジョージアで体験したと主張した様々な差別、嫌がらせ、賃金不払いなどの事実は、原告がアルメニア人であることを理由とする迫害であったことを示す客観的な証拠がないため、アルメニア人だから受けたものとは認められないと評価し、難民ではないと判断していた。また、ルーベンさんがヨーロッパで身分を偽って難民申請した経験があること、ロシア国籍を取得しようとした際、ジョージア国籍を有していないことの証明書を求められ、ジョージア大使館に出向いたことなどは、真に迫害を受けるおそれがある者の態度として真摯性を欠くと判断していた。

ルーベンさんが無国籍であることは認めつつも、入管法は送還見込みが立たなくても退去強制を命じることは予定していると解されるので、ジョージアに送還する見込みが当面立たないとしても違法ではないとした。送還先をジョージアに指定することも、ルーベンさんは難民ではないので、ジョージアで生まれ育ったことやジョージアで職に就き生計を立てていたことなどを踏まえれば、ジョージアを送還先として適当であると判断したことには合理的な理由があるとした。

最後に、憲法13条や自由権規約に関する主張は、マクリーン判決と国際慣習法を盾に、一蹴されていた。

わたしは、見事なほど裁判官に全く主張が通じていないことに、頭の中が真っ白になった。あの本人尋問の結果から、どうして「職について生計を立てていた」という事実認定ができたのだろう？　判断の過程に葛藤や悩んだ形跡が見られるのであれば、まだ救いがある。しかし、判決には、何のためらいも悩みも見つけることはできず、彼が、生命を削りながら放浪し、苦闘し続け、この後、生命さえ危ぶまれる状態に追い込まれることについてもノーコメントだった。まるで、彼が生きようと死のうとどうでもいい、自己責任だと、無関心を貫いているように受け止められた。怒りと悔しさがこみあげてきて震えた。わたしなりにこの裁判に費やした３年間は多くの労力を割いて懸命に取り組んできたが、結果を出すことができずに情けなかった。その日の夕方、わたしたちはルーベンさんと打合せをして、残念ながら裁判に敗訴したことを伝えた。ルーベンさんは「判決には納得できません。控訴したいです」と言った。わたしたちも、この判決には到底納得がいかなかったので「わかりました、控訴しましょう」と応じた。

裁判は、憲法判断を行う最高裁まで入れればあと2回チャンスがある。しかし、事実関係を争えるのは、控訴審までだ。このままでは終われない。最後まで諦めてはいけないと、自分を奮い立たせるしかなかった。

第8章　控訴審での審理

控訴、保護費が打ち切られホームレスに

２０１８年7月、判決を受けた5日後、わたしたちは控訴状を提出した。敗訴した結果、公益財団法人アジア福祉教育財団難民事業本部（ＲＨＱ）からの保護費の支給は停止。ルーベンさんは再び苦境に立たされていた。家賃を払えなければ、住む家を追い出されてしまう。実は、そのことを危惧していた彼は、判決が出る前から第三国への出国方法を模索していた。

あるとき、カナダのとあるホテルでの仕事に応募すると、そのホテルからｅメールで返信があったという。「採用されるかもしれない。カナダに行くにはどうしたらいいか」と興奮気味に連絡があった。しかし、ルーベンさんは旅券を持っていないうえに、カナダで仕事をするために必要な滞在資格もなかった。カナダで仕事に就くという希望は、現実味がなかった。

ＲＨＱから再び生活費の支援を受けるためには控訴の提起、それに続いて新たに保護費の支給を申請しなければならなかった。しかし、控訴審での保護費の支給は、一審時よりも審査が

厳しくなっているようだった。ルーベンさんは、ＪＡＲスタッフのサポートを受けて申請したが、結果が出るまでに通常数カ月待たなければならなかった。

こうした状況の中で、２０１８年８月になると、ルーベンさんの体調はみるみるうちに悪化していった。左脚は大きく腫れて疼痛があった。ＪＡＲのオフィスで医師に診察してもらうと、かつて入院した時と同様に、今度は左下肢の蜂窩織炎と診断された。体重も90キロを超え、短期間での急激な体重の増加が原因として懸念された。健康状態が悪化する一方で、8月末になると手持ちの現金は尽きてしまった。

２０１８年9月になり、ルーベンさんは大家からの未払い家賃の催促を何度も受け、「支払えないのならば出て行ってほしい」と言われていた。「もう少し待ってもらえませんか」と懇願したが、「支払える当てはあるんですか？」と訊かれると、ＲＨＱの保護費の再開も決まっていなかったため、無責任に「支払います」と約束することができなかった。家を貸している大家の立場からすれば、支払いの目途が立たないにもかかわらず、居続けられても困る。ルーベンさんは交渉するにも説得するための材料がなく、焦りとストレスだけが募っていった。

9月中旬になると、大家からの退去を求めるプレッシャーに耐えかねて家を出るよりほかに選択肢を見いだせなかった。ルーベンさんが家を出ることにしたのは、このときも金曜日だった。その日の夜、わたしの携帯電話にはＪＡＲスタッフの田多さんから何度も着信履歴があった。緊急事態ではないかと察して折り返しの電話をかけた。

「田多さん、遅くなってごめんなさい。どうかしましたか」

「こちらこそ、何度もかけてしまってすみません。実は、ルーベンさんがまたホームレスになってしまいました。家賃を滞納したので、大家さんから出て行ってくれと何度も言われていて、支払の催促に耐えかねたようです。JARで荷物を預かってもらえないかということで、やむを得ず預かることにしました。住んでいた家のある中野と、JARのオフィスがある水道橋を、お金がないので電車に乗らずに何度も歩いて往復したようです。たくさんの荷物がありました。おかげで、JARのオフィスの一部屋が全部ルーベンさんの荷物で一杯になってしまいました」

「そうだったんですか…。それは大変でしたね」

荷物を持ち抱えて何度も東京の街中を往復するルーベンさんの姿を想像して胸が痛んだ。

「僕たちも、前から立ち退いてくれと言われていて困っているという話は聞いていたのですが、こんなに早く出ることになるとは思ってませんでした…。今日が金曜日で、週末はJARも休みなんですよね。本人は、「大丈夫、JARの近辺で野宿するから」と言っていましたけど。でも、月曜日も祝日なので、火曜日にまた来るように言いました。本人は、脚も悪いみたいだし心配ですね。RHQからの保護費の決定が来週に出る予定なので、ひとまずそれを待つしかありません」

田多さんも落胆し、本人のことを心配して声に張りがない。

「そうですか。ご報告ありがとうございます。何も力になれなくてごめんなさい」

当事者の生活の支援はもっぱら支援団体に頼っており、一人の人間として心が痛んだ。

「ＲＨＱの保護費の支給が再開すれば、何とかなると思うので、もうしばらくの辛抱です。ただ、状況をシェアしておいた方がよいかと思い、連絡しました。ルーベンさん、携帯持ってませんしね」

「そうですよね。また進展があったら教えてください」

そう言って電話を終えた。後になって聞いた話だが、田多さんは支援団体として宿泊先を用意できなかったことを心苦しく思い、様子だけでも見に行こうと寝床になりそうな場所を探して歩いたが、見つけられなかったそうだ。

ルーベンさんは、ＪＡＲのオフィスからそう遠くない飯田橋駅付近のビルの空きスペースなどで野宿をしたそうだ。雨の日は冷えてさすがに眠れなかったという。二日間食事もとれなかった。もっとも、本人は「体重が増えたし、痩せる必要があるから健康のため。問題ないよ」と言っていた。脚の状態は、清潔に保たないと悪化するので、公園で包帯を洗って凌いでいたそうだ。

民間支援でシェルターへ入居

ところが、頼みの綱だったＲＨＱの保護費は再開しなかった。ＲＨＱによれば、保護費を支給するためには、所持金がないことという基準があった。しかし、本人の説明では、ＪＡＲからの貸付金などを含めても所持金の残高の説明がつかないということだった。決まりは決まりなので、現にホームレスとなり困窮しているという事実だけでは足りないという厳しい判断であった。

ＲＨＱから保護費が支給されないという現実に直面し、ＪＡＲでは、ルーベンさんの困窮度が高く、体調も悪いという状況を踏まえて、民間のシェルターで受け入れてもらえる先がないかを探った。その結果ホームレスとなってから12日後、難民支援を行っている公益財団法人ＪＥＬＡのシェルターに受け入れられることになった。

９月末、ルーベンさんは再び住む家を確保することができたが、その一方で体調不良は続き、脚の腫れと炎症と疼痛は続いていた。また、食べ物があるとあるだけ食べ続けてしまい、体重も目に見えて増えていった。

ルーベンさんはシェルターに入居して一息つくと、これまでの疲労とストレスが噴き出したかのように、ＪＡＲのスタッフに行き場のない思いをぶつけた。

「どうして、家を失う前に助けてくれなかったのか。いつも助けてくれるのは、何か起きた後じゃないか。ホームレスになって、脚の状態も悪化した。前の家に居続けられていたら、ここまで悪くならなかった。昔、別の国で路上生活をしていたときに、近くでいつも寝ている人がいた。でも、ある日その人は目を覚まさなかった。肺炎で亡くなったそうだ。みんないつかは死ぬ。自分もいつ死ぬかわからない」魂の叫びだった。

2018年10月24日、ドタバタの第1回口頭弁論

2018年10月24日、東京高等裁判所で控訴審の第1回口頭弁論期日が開かれることとなった。期日が開かれる前に、難民や無国籍者を支援する団体のメーリングリストを通じて、裁判への傍聴を呼びかけていた。傍聴人の存在は、少なからず社会の関心がこの事件に向けられていることを示す。そうすれば、審理にあたる裁判官にも緊張感が出るのではないか。そして、期日当日には、これまで出席していなかったルーベンさんにも出廷してもらい、直接、裁判官に自分の言葉で意見を述べてもらう。姿形が見えない当事者よりも、顔を突き合わせ、当事者本人が裁判官と対面することで、ルーベンさんの思いや真剣さも伝わるだろう。そのうえで、代理人からも意見陳述をしようと考えた。〝法廷を活きた場に〟。これは、渡邉弁護士や難民弁護団の活動から学んだことである。

第一審で敗訴した行政訴訟の控訴審では、審理が1回で終わってしまうことも多い。審理が1回で終結すれば、結論が覆る可能性はかなり低い。もうすでに後がないわたしたちとしては、できることは全部やろうと必死だった。

当日、ルーベンさんとは法廷で会う予定だった。ところが、事務所から法廷に向かう途中で、JARスタッフの田多さんから「ルーベンさんが来ませんでした」とLINEが届いた。ルーベンさんはJARのオフィスに立ち寄り、JARスタッフに付き添われて、裁判所へ向かう予

定だったが、約束の時間になっても現れないというのだ。田多さんからは「彼がホームレスになって、ＪＡＲで荷物の整理をしているときに、別のスタッフが聞いたというのですが、〝お母さんが自分を生まなければよかったんだ〟とつぶやいていたそうです。国籍がないことの影響は大きいんだなと改めて思いました。本人の心情を示すエピソードなのでお伝えしておきます」とＬＩＮＥが続いた。

様々な人からの協力

第１回控訴審の口頭弁論期日は、11時開始だった。わたしと鈴木弁護士は開廷の少し前に法廷に着くと、傍聴席にはすでに大勢の人が集まり着席していた。呼びかけた甲斐があった。事前に用意していた意見陳述の紙面を配ると、足りなくなるほどだった。

この場に来ることができないルーベンさんの代理人として、法廷でその想いをしっかり届けなければと改めて身を引き締めた矢先、田多さんから「今きました」とＬＩＮＥが届いた。期日の始まる約10分前だった。すぐに電話で話すと、本人はＪＡＲのインターンとともに大急ぎでタクシーに乗り、裁判所に向かうという。ＪＡＲのオフィスは水道橋だ。裁判所がある霞ケ関まで、渋滞がなければタクシーで15分ぐらいだろう。裁判所に事情を伝えて少し待ってもらうようにお願いすれば、ルーベンさん自身による意見陳述ができるかもしれない。ここまできたら、本人が直接裁判官に訴える機会を実現させたいと思った。

東京地裁・高裁庁舎の建物は広い。北と南でエレベーターが分かれているので、裁判所に到着したら迷わずに法廷に来れるよう、一階まで迎えに行ってもらうことにした。傍聴に駆けつけてくれた無国籍研究会のメンバーで、国際人権法を専門とする研究者の付月《ふうゆえ》さんに事情を伝え「本人がもうすぐ来るので、1階まで迎えに行ってもらえませんか」とお願いした。付さんは、以前、無国籍研究会の会合でルーベンさんとも面識がある。その姿を見つければ、すぐに本人だと分かるだろう。付さんは「わかりました」と快く引き受けてくれて、足早に法廷を後にした。

そして、法服を着た裁判官3名が法廷に現れた。

「ご起立ください」と担当書記官が呼びかける。

「平成30年（行コ）第232号」

法廷に集まった全員が起立し、裁判官に向かって一礼をした。

「それでは始めます。まず、控訴人は、控訴状、控訴理由書、準備書面（1）を提出されていますが、この通り陳述されますね」

「はい、陳述します」

「被控訴人は、答弁書を提出されていますが、この通り陳述されますね」

「はい、陳述します」

「今日は、ご本人が意見陳述をされるということでしたが、いらっしゃっていませんか？」

傍聴席と控訴人席を見渡して、裁判長が確認した。

「裁判長、ご本人は少し遅れているのですが、今裁判所に向かっています」

そう言って、スマホの画面に目を落とすと「いまついたようです」という田多さんからのメッセージが目に飛び込んできた。

「今、裁判所に到着したようです。1階まで迎えに行っていますので、もう間もなくかと思います。少しお待ちいただけますでしょうか。お待たせして申し訳ありません」

「そうですか、そうしましたら少し待ちましょう」

裁判長は本人を待つと決定し、皆で本人の到着を待った。

それから間もなく、ルーベンさんは付さんとJARインターンに付き添われ、法廷に現れた。本人は「ごめんなさい、ごめんなさい」と遅れたことを詫び、脚を引きずりながら法廷に入ってきた。脚の痛みをこらえてやって来たのだ。額には汗が浮かんでいる。傍聴席と当事者の席を隔てるバーを押して入り、控訴人側の座席に着席してもらった。

「大丈夫ですか？」と声をかけると、ルーベンさんは「だいじょうぶ」と答えた。間に合ってよかったと思いながら、本人が一息つくのを待って、裁判長の方に向き直った。

「お待たせしました。お願いします」

裁判長は「それでは、ご本人は証言台の前へどうぞ。通訳人の方もいらっしゃいますか。通訳人の方もどうぞ」と促した。

彼は英語で話すので、通訳をしてもらうことになっていた。わたしは傍聴席に控えていた通訳人の山下ワウィネさんにアイコンタクトを取って頷くと、山下さんもバーを押して入り、ルーベンさんの横に立った。本人が意見陳述をするための通訳人は、自分たちで手配した。通訳人を誰にお願いしようかと考えた時、わたしの頭には山下さんの顔がパッと浮かんだ。彼女は英語が堪能で、無国籍研究会のメンバーでもあり、ルーベンさんとも面識があった。そして、かつて山下さん自身も無国籍者だった。

山下さんにお願いすると、二つ返事で快く引き受けてくれた。無国籍の当事者としての経験を持つ山下さんは、お姉様とともにこの事件のことを気にかけてくれていて、裁判所まで来てくれた。そして今、無国籍で苦しんでいるルーベンさんの横に並び、裁判官に向かって無国籍者の意見をその心情を踏まえた日本語に通訳をしていく。その光景を見ると、わたしはこの裁判で彼にも光が差すことを願わずにはいられなかった。

安心して暮らせる場所を求めて

「それでは、意見陳述をどうぞ。脚が痛むようだったら、座りながらで大丈夫ですよ」と裁判長は配慮してくれた。

しかし、ルーベンさんは「だいじょうぶ、だいじょうぶ」と言って、立ったまま話し始めた。

「I don't have citizenship.
（私には、国籍がありません）
I can't access to the job.
（仕事にアクセスすることができません）
I can't access to the medical treatment.
（医療にアクセスすることもできません）
I can't get married nor make family even if I want.
（結婚しようと思っても、結婚することも家族を作ることもできません）
I tried to get citizenship many many times.
（いろいろな国で、何度も国籍を得ようと努力しました）
But I couldn't get it.
（それでも、私は国籍を得ることができませんでした）
I was kicked out home, and lost my house.
（私は家を追い出され、家を失いました）
I had to stay all the night on the road.
（一晩中、路上にいなければなりませんでした）
I got troubled terribly .

（ひどい状況でした）
And I am being offered shelter.
（今は、シェルターを提供してもらっています）
I have no where to go.
（私には行く場所がありません）
No country accept me.
（どこにも私を受け入れてくれる国がありません）
I have no place to stay safely.
（安全に過ごせる場所がありません）
How can I survive in this situation?
（この状況で、私はどうやって生き延びたらいいのでしょうか?）
Where should I live?
（私はどこで生きればよいのでしょうか?）
I just need some place to stay safely and securely.
（私はただ、安心して安全に暮らせる場所が欲しいだけです）
I deeply request to give me a place to live.」
（どうか私に生きるための場所を与えてください）

ルーベンさんは、事前に準備してきた原稿を踏まえて、淡々と意見を述べた。これまでにルーベンさんに降りかかってきたいろいろな苦労を思うと、胸が熱くなった。ルーベンさんは、司法や難民申請の手続の場面で、自分の主張をきちんと聴いてもらう経験がなかったと言っていた。今日は、これまでに出来なかったことを一つ実現できたのではないかと思った。

代理人としての意見陳述

ルーベンさんの意見陳述の後、わたしも席を立ちあがり、裁判官にわかってほしい重要なポイントに焦点を当てて意見陳述をした。原稿は事前に裁判所に送っている。しかし、その場で実際に発言し、この法廷にいるすべての人たちと共有すること自体に意味があるのだ。控訴審はこの１回の期日で終わってしまうかもしれない。自然と声に力がこもった。

「本件は、送還先の見込みの立たない無国籍者、どこにも居場所がない無国籍者が、尊厳を回復するための裁判です。誰しもが生まれた時から持っているとされる国籍がないために、生命の維持さえ脅かされているという現実を、まずご理解ください。

控訴人は、旧ソ連時代に、現在のジョージア領域で生まれ育ちました。旧ソ連が崩壊し、ジョージアとして独立したもののジョージア民族至上主義をうたう政府のもとでは、アルメニア民族の少数民族である控訴人は様々な危険に遭い、その場を立ち去るよりほかありませんでした。国家の崩壊、独立、そうした大きな政治的転換は、控訴人にはどうすることもできないことでした。少数民族の控訴人が居場所を失い、家族のいるロシアへ向かったことも自然な行動でした。

しかし、控訴人はそれ以来どの国からも適法に受け入れてもらえませんでした。控訴人は、生き延びるために居場所を求めて転々としますが、どこにも安住の地を得られませんでした。控訴人は居場所を求めて、2010年5月に日本にやって来ました。

日本は自由権規約という国際条約に入っています。原審は、国家には、外国人の出入国に関して裁量があるという国際慣習法を盾として、自由権規約の保障を全く検討しませんでした。しかし、国際社会では、この国際慣習法を前提として、それでもなお、外国人に対する退去強制令書の発付が、自由権規約違反となる場合があることを多数認めているのです。日本においても、自由権規約に言及して違法を認めた例も複数あります。

欧州人権裁判所は、自由権規約7条と同旨のヨーロッパ人権条約第3条の品位を傷つける取扱の禁止は、劣悪な収容状況に置くことも、生活の支援もなく労働による自活の道もないままに、難民申請を拒否した者を困窮状態に置く仮放免も、条約違反としています。この判断は、無国籍者で行き場のない控訴人には、ごく自然なこととして受け止められると思います。どの土地にも居場所がなく、働いてもならず、公的な支援も受けられないとすれば、それは、ほとんど生命維持を絶たれているといっても過言ではないからです。このように、どこにも行き場のない無国籍者に対する退去強制処分は、その帰結として、個人の生命維持活動さえも否定することになるのですから、まさに「品位を傷つける取扱い」そのものではないでしょうか。

原審は、送還先について、本人の希望が十分に尊重されなければならないとしつつも、希望先に合理的理由がない場合には、諸般の事情を考慮し、希望とは相いれない国を送還先に指定することも可能であると判断しました。

しかし、本件において、ジョージアを送還先として指定する合理的理由は全く認められません。控訴人は旧ソ連において生まれ育ったのであり、独立したジョージアは旧ソ連とは全く異なる新しい国家です。家族は誰もジョージアにいません。財産もありません。仕事で生計を維持することもできませんでした。ジョージア語もほとんど話せません。控訴人がジョージアへの強制送還を希望しないことは、自身の生命維持のためからすれば、むしろ合理的といえます。

裁判所におかれましては、この極めて困難な状況に置かれている、無国籍者で送還見込みの立たない控訴人の現状も踏まえ、正面から退去強制令書発付処分の違法性をご判断いただきたいと考えます」

意見を述べていると、時に思いがこみ上げてきて胸が詰まった。誰もすき好んで無国籍や難民になるのではない。やむにやまれず、生まれ育った土地を離れるしかなかったのだ。国を出なければならなかったことも無国籍になったことも、個人の責任ではない。政治体制の大きな転換に伴う社会の混乱のもとで国を離れざるを得なくなった個人に対し、わたしたちは無関心のままに放置するのではなく、同じ人として温かい手を差し伸べる必要があるのではないか、それが人権を保障する国家の役割ではないか、わたしは日本がそういう国であってほしいと伝えたかった。

一審では、裁判所がこの論点に向き合ってくれたという実感が全くもてなかった。しかし、控訴審では想いが通じたのか、裁判長が語り始めた。

「ところで、国家が崩壊したり、新たに独立したりすることに伴う国籍の変動について、また、無国籍になるという場合に、何か基準と言いますか国際的な枠組みなどはあるのでしょうか?」

裁判官から「無国籍」の論点について問いかけがあり驚いた。裁判所が初めてこの問題に向き合っていると感じ、何と返答しようかと考えながら、ゆっくりとわたしは席を立ち上がった。

「国家崩壊や国家の独立に際しての国籍の変動、無国籍が生じることに関しての国際社会共通の一律の取り決めや条約というのは存在しないかと思います。ただし、準備書面(1)でもお伝えしたように、わたしたちは、無国籍者の保護を任務の一つして、昨今、精力的に無国籍者の保護に取り組んでいる国連難民高等弁務官事務所(UNHCR)に対して、無国籍者の保護や無国籍者の退去強制に関する国際的な取り扱いについて、意見書をお願いしているところです。裁判官から今いただいた疑問に対してもお答えできるように、無国籍に関する国際的な枠組みや取り組みについては、補充したいと思います」

「わかりました。それでは、準備期間はどれくらいあればよいでしょうか」

「今の点も含め、1月末までいただければと思います」

「それでは続行します。次回期日は、2月13日10時30分といたしましょう。本日はこれで終了します」

裁判所が「無国籍」というテーマに関心を持っていることが、裁判長の問いかけから読み取れた。良い兆しであった。そして、1回の審理で終わらずに、引き続き審理されることにもなった。もしこちらの主張が箸にも棒にもかからないのであれば、一審の判決を維持すればよいので、すぐに審理は終わってしまう。審理続行ということは、一審判決のままでよいのか疑問に思うところがある、ということだ。

法廷を出た廊下で、ルーベンさんは応援に駆けつけてくれたたくさんの人達に「ありがとう、ありがとう」とお礼を言った。遅刻をしたのは、裁判のことが心配で、前の晩よく眠れなかったためだそうだ。彼だけではなく、わたし自身も集まってくれた人たちに支えられ、励まされていると感じた。そして綱渡りのようだが、一審とは異なる手ごたえも感じられた。

第2回口頭弁論〈裁判所からの新たな宿題〉

控訴審の1回目の口頭弁論から約4カ月後の2019年2月13日、第2回口頭弁論が開かれた。このとき、わたしたちは裁判所から要請のあった、国家承継時における市民権・国籍法に関する規範やその具体例について主張し、無国籍者の保護の枠組みや必要性、日本における外国籍・無国籍者の国籍認定の実務について補充した準備書面（2）を提出した。

事前準備では、残念ながらUNHCRからは意見書の作成は出来ないとの知らせがあった。その代わりに、裁判所の問題意識に応える様々な資料や情報提供を受け、これらの情報も参考にして、書面を作成した。この作業では、いずみ橋法律事務所でアルバイトをしていた大学生が、資料調査、情報整理や要点をまとめる協力をしてくれて、とても助けられた。

わたしたちも改めて調査結果に目をやると、国家の解体・分離・移行・分離独立などの国家承継の際に、その国民の国籍や市民権については、その国が直面する多様な状況や背景と、それに起因する様々な立場や政策によって、異なる対応が採られていることがわかった。通常は、国家の政策によって、大量の無国籍者が発生する事態が避けられようとしているものの、同時に、差別的な排外政策や国籍法の対立、状況の混乱などを通して、関連する人口の一部は見落とされ、そのような人たちは国籍を確定できない不安定な状態に取り残されることがあることも一般的だとわかった。ルーベンさんが無国籍になることは、必ずしも稀有な事例ではなく、世界中で起こり得ることなのだと整理することができた。

そして、改めて、ルーベンさんはいわば、冷戦の終焉という一つの時代が終わる転換期にあって、法の隙間に落とし込まれた〝犠牲者〟の一人であると位置づけられることを確信した。そのような政治的転換の前で、一個人がどれほど国家に振り回され、人権が保障されず無力化され、一度きりの人生に望まぬ影響を受けるのかも痛感した。

2回目の期日にも、多くの人が傍聴に集まってくれた。1回目に続いて傍聴を重ねている人も少なくなく、中には、別の難民弁護団で一緒に活動をしている仲間の弁護士の顔も複数見えて、励まされる思いだった。

そして、この日、裁判長から新たな宿題を与えられた。

「日本に来る前に、多くの諸外国を移動して、難民申請の経験等もされているようですが、その内容については、乙号証で出されている入国管理局での供述調書の通りでよろしいのでしょうか？」と確認されたのだ。

来日前の本人の移動の経過に裁判官が関心を持っていることに再び驚いて席を立ち上がり、

「いえ、その通りではありません。日本に来る以前の各国での滞在歴等についてはかなり長期間にわたり、争点が拡大してもどうかと思い、あえて一審では主張していませんでした。ですが、調書に書かれている内容には事実と異なる部分などもあり、裁判官からご指摘頂いたことも踏まえて、その点については補充して主張します」と答えた。

有志によるルーベン弁護団結成

裁判所からの宿題を受け取り、これは改めて腰を据えて本人から聞き取りをしなければならないと思った。なにせ、ルーベンさんはジョージアを出てから日本に来るまでに、ロシア、ウクライナ、ベラルーシ、ポーランド、ドイツ、フランス、オランダ、フランス、スペイン、ノルウェー、アイルランド、イギリス、スペイン、フィンランド、イギリスと、重複国を除いて12か国を経由しているのだ。以前、本人からその話を聞くと、1か国だけでも様々なエピソードが出てきて収拾がつかなくなることがあった。陳述書にまとめるには相当な時間が必要となる。次回期日までに約2カ月の準備期間をもらったが、わたしと鈴木弁護士の二人では、他の業務対応との関係で、充てられる時間にも限界がある。どうしようかと思っていたところ、傍聴席には3名の仲間の弁護士の顔が見えた。これは、彼らの手を借りない手はないのではないかと閃いた。そこで、鈴木弁護士に相談し、本人の了解も得て、傍聴のお礼とともに「もしよかったら、次回の期日は、バーのこちら側の席に座っていただけませんか？　裁判所から新たな宿題ももらったので、弁護団として参加してもらえませんか」とお願いをした。

すると、加藤桂子弁護士、古池秀弁護士、酒井昌弘弁護士は快く応じてくれた。3人の弁護士はそれぞれが難民事件を扱った経験があり、この事件にも関心を寄せてくれたのだ。こうして、ルーベンさんは新たに3名の弁護士の協力を得て、ルーベン弁護団が結成された。

移動距離約2万4074㎞、地球半周以上

来日前の経緯に関する本人の聞き取りは、滞在期間を踏まえて、各国ごとに割り振ることとした。ロシア、ウクライナ、ベラルーシは、鈴木弁護士。ポーランド、ドイツは古池弁護士。フランス、オランダ、フランス、スペイン、ノルウェーは加藤弁護士。アイルランド、イギリス、スペイン、フィンランド、イギリスは、酒井弁護士。そしてわたしは、最終的にまとめて確認する役割となった。本人には、事務所まで何度も来てもらうこととなり、その交通費は、JARが支援をしてくれた。通訳人も必要となるため、当時JARでインターンをしていた大学院生や、法廷で通訳をしてくれた山下さんにも助力を頂いた。山下さんは、当時勤めていた会社の上司に、この訴訟の意義を説いて、休暇を取って時間をつくり協力してくれた。新たに加わった弁護士も通訳人も、この訴訟に意義を感じて集い、みなボランティアで働いてくれた。

心強い仲間を得て、のべ12か国放浪の陳述書をまとめ上げ、それに基づき主張書面を作成した。本人から改めて話を聞くと、ジョージアを出てから日本に来るまでの約17年の間に、どんなに過酷な環境を生き延びてきたのかが浮かびあがってきた。そして、その移動距離は、累計で少なくとも約2万4074㎞にも達し、地球半周以上を移動し続けていることが明らかになった。この数字を出すことは、古池弁護士のアイディアであった。こうして数字にしてみる

と、ルーベンさんがどれほどの苦労を重ねてきたのかが端的にわかる。ルーベンさんは、各国で難民申請をして、ときには偽りの名前を使ったこともあったが、それも、その時々の生死に関わるような、やむにやまれぬ事情でそうせざるを得なかったことを説明した。

この聞き取りの過程で、ルーベンさんには、何度も昔の辛い記憶を喚起してもらうことになったので、その度に苦しかったのではないかと思う。ある時は、その出来事はこの町で起こったと述べても、後日やっぱり違う、別の町だったと思う、と言いなおすこともたびたびあった。そもそも、10年以上前の出来事について記憶を喚起して鏡に映したかのように正確に描写することは、どんな人でも不可能である。ルーベンさんは、医師の診断を受ける機会がなかったので、診断名こそついていないが、その様子はトラウマ反応ではないかと推察された。本人は多くを語らないが、苦しい記憶、つらい記憶を喚起することで、悪夢にうなされたりフラッシュバックのような体験もしていたのではないかと推察された。控訴審で作成した陳述書には、出身国を離れた後もなお過酷な体験を伴った記憶が詰まっており、そこから逃れて安心して生活できる居場所を求める放浪の歴史が、まさに難民であることの証明であった。

第3回口頭弁論〈ジョージアは受け入れ可能なのか〉

2019年4月22日、3回目の口頭弁論期日を迎えた。3月の異動の時期を経て、裁判官が一人交替したが、裁判長に変更はなかった。また、国の代理人も入れ替わり、控訴人の席には新たに代理人になった3名も着席し、法廷の雰囲気は様変わりしていた。

わたしたちは、事前に陳述書とそれに基づく主張を書いた準備書面（3）を提出し、さらに、改めて本人尋問を行うよう求める証拠申出書を提出していた。裁判官は、こうした主張と立証の補充について、どう受け止めただろうかと思っていた矢先、裁判長から国側代理人に対して、求釈明がなされた。

「ところで、控訴人について送還先となっているジョージアですが、ジョージアが受け入れ可能かどうかについて、先方から返答があったりするんですか」

国の代理人は、「確認していないので、わかりません」と短く答えた。

裁判長は「それは、代理人レベルで知らないということですか、それとも、担当部局が知らないんですか」とさらに突っ込んだ。

「現時点でお答えできないので、調査して回答します。ただ、相手国との関係もあるので…。回答に向けた努力はします」と、その場での回答は留保した。

更に、裁判長は、送還先指定に関する法律上の解釈について国の代理人に調査と回答を求めた。そのうえで、本人の証拠調べについては採否を留保するとして、3回目の期日を終えた。つまり、この日も結審することなく審理は続行となったのだ。

裁判長の問いかけから、送還可能性について問題意識を持っていることは明白だった。このあたりから、わたしには一審判決が覆る可能性が少しずつ現実味を帯びているように感じられた。

一方で、ルーベンさんは法廷に来るたびに、いつ判決になるかもしれないという不安やプレッシャーと闘っていたようだ。ある日、事務所に電話がかかってきた。

「小田川先生、内線一番にルーベンさんからお電話です」

受話器を取り上げて応答すると、ルーベンさんの明るい声が聞こえてきた。

「ハーイ、オダガワさん、元気ですか?」

「元気ですよ、どうしましたか?」

「思いついたことがあるんだけど、意見を聞きたくて」

「はい、なんですか」

「カナダに難民申請しようと思うんだけど」

「カナダ? カナダには行けないですよ、だって、パスポート持ってないでしょう?」

わたしは、控訴審で闘っているこの状況で、第三国へ出国しようという彼のアイディアに面食らった。彼は、第三国に行くことを諦めていないのだ。いや、むしろ結論が出てからでは遅いと思っているのかもしれない。控訴審で善戦しているとはいえ、結果は保証されていないのだ。もしもカナダに行けるのなら、わたしもカナダに行かせてあげたい。日本の現状を思うと、移民国家であるカナダに行けるなら、今の状況よりずっとよくなる可能性が高い。だが、現実的に考えて、いつも伝えることとなのだが、旅券もトラベルドキュメントも持たず、カナダに身寄りのない彼がカナダへ渡航できる見込みはない。一体どうやって行こうというのだろう。

「うん、だから日本のカナダ大使館に行って、難民申請できないかな」

私は不意をつかれて思わず「当事者が日本のカナダ大使館に行ってそこで難民申請するということは、わたしは聞いたことがないです。そもそも、難民申請の目的で、日本のカナダ大使館には入れないと思いますよ」と答えた。

「うん、だから、カナダ大使館の壁をよじ登って、敷地内に入ったらどうかなって思うんだけど」ルーベンさんはいたって真面目に答えた。

「それ不法侵入になりますよ。やめた方がいいと思います。捕まりますよ」

「でも、カナダは難民に優しいでしょう？　難民を保護する国でしょう？　受け入れてくれるんじゃないかな」

少しの間、言葉を失い沈黙した。

「うーん、そう思うなら、やってみたらどうですか。ただ、わたしはお勧めはしません。ルーベンさん、いつも言っているけれど、遠くまで行きたいのなら、まずは目の前のことを一つ一つ丁寧にすることです。今は日本で裁判をやっているから、まずはこの裁判に集中しませんか。

お伝えした通り、控訴審の裁判官たちはこの件について関心を持って取り組んでくれています。もう少し、頑張りませんか」

わたしは、仕事でお世話になっている心理カウンセラーの方から「ゆっくり行くほうが遠くまで行ける」と教えてもらった言葉を思い出して、ルーベンさんに訴えた。

「うん……そうですね。じゃあまた」

「はい、それではまた」

電話を切って深いため息をつき、天井を見上げた。ルーベンさんは追い詰められている。笑って話していたけれど、本気だと思った。

こういうとき、わたしは自分が生まれ育った日本という国が、難民をなかなか保護しようとしないこと、自分が代理人としていかに無力であるかということを痛感させられる。裁判に一生懸命取り組んでいても時間はかかるうえに、当事者は、一日一日を苦しく不安に思って過ごしているのだ。当事者は降ろしようがない重たい荷物を背負い、遠ざけようのない、纏わりつく大きな不安と絶望と否応なく付き合わざるを得ない。そんな体験をしているルーベンさんと、いつか明るい出口に辿り着くことを願いながら、薄暗いトンネルの中を突き進み続けるしかなかった。

第4回口頭弁論〈一貫した国の法廷戦術〉

２０１９年7月1日、4回目の口頭弁論期日が開かれた。それに先立ち、国の代理人からは「釈明事項に対する回答書」が提出されていた。しかし、この書面には「送還先であるジョージアから、受け入れ可能かどうか返答があるのか」という裁判長からの釈明については一切、何の記載もなかった。

このことを確認するために、法廷で「先日の送還先のジョージアに関する釈明についての回答がありませんが、どういうことでしょうか」と国の代理人に尋ねた。すると、「回答することは何もありません」とのことだった。つまり、ジョージアに確認したのかどうか、何か返答があったのかどうかについてさえ一切明らかにしない、という返事であった。

国の代理人から、ある意味予想通りの回答が出てきたことを踏まえ、改めて一つの事件を想起した。そして、あらかじめ準備書面（４）を提出したことには意味があったと思った。

２０１０年、無国籍状態に置かれていたタイ出身のベトナムルーツの難民2世の当事者らに対する退去強制令書の取消しを求める裁判で、国の処分を取り消す判決が出された。その当事者たちの親はベトナム出身であるが、本人たちはタイ生まれのタイ育ち。ベトナムを訪れたことは一度もなく、タイから日本へやって来たが、「タイ」に帰れると思って退去強制を受け入れていた。しかし、蓋をあけてみると、強制送還の指定先は「ベトナム」であったため、ベトナムには帰国しようがないとして、２００８年に退去強制令書の取消しを求めて裁判を提起。この訴訟を担当していた小豆澤史絵弁護士によれば、第一審での審理の終盤で、裁判官が、当事者の希望する「タイ」に送還することは本当にできないのかと、国の代理人に尋ねる場面があったというのだ。その時も、国の代理人の返事は「回答できない」というものだった。その結果も踏まえ、裁判所は、国の退去強制令書発付処分を取り消した。そして、その判断は控訴審でも維持された。その後、訴訟当事者を含む同様の境遇にあったベトナムルーツのタイ出身の難民2世の無国籍者20名以上に在留特別許可が与えられ、彼らは日本で保護された。

本件以前に、このような事件があったことは、本訴の裁判官たちにも伝えたかった。わたしは、日本で無国籍者の裁判を扱い、勝訴した経験のある小豆澤弁護士に相談して、担当した訴訟の経緯や帰結について報告書の作成をお願いした。わたしが弁護士になる以前から無国籍者を支援していて、普段から何か悩むと相談に乗ってくれる頼もしい「姉弁」であった小豆澤弁護士は、このときも快く協力してくれた。

わたしたちは、その判決と小豆澤報告書に基づいて過去の無国籍事例を紹介し、国は、事実上、送還不能な無国籍状態にある者について、在留特別許可を認めて保護する運用を採ってきたので、本件についても同様の対応がなされるべきであった、という主張を補充した。そして、裁判長もわたしたちの主張を正面から受け止めて、法廷で「この判決と報告書について、国側からコメントが欲しいですね」と国の代理人に釈明するようボールを投げた。

こうして、この日も審理は終結することなく、続行したのである。風向きは、追い風になっていると感じられた。気が付くと、控訴を提起してから1年が経とうとしていた。

第5回口頭弁論〈終局に向かう審理〉

２０１９年９月18日、５回目の口頭弁論期日が開かれた。いつものように法廷に向かうと、継続して傍聴に来ている人たちの顔が見えた。一方で、これまですべての期日に出席してきた肝心の本人の姿が見えない。欠席するとは聞いていなかったので、どうしたのだろうかと思った。

審理が始まると、裁判長は「普通の事件とは異なり、本件には多数の論点がありましたが、裁判所が知りたかったことは知ることができました。審理としては、ほぼ終局にあると考えています。控訴人から本人尋問の要請があり、採用を留保してきましたが、裁判所としては不要であると考え、採用はいたしません。最終準備書面はお書きになりますか」と問われ、審理が終盤に差し掛かっていることを確認した。

わたしたちは、裁判所から判決できる局面にあると心証が開示されたため、最終準備書面でこれまでの主張をまとめ、次回結審することを了承した。これ以上長引かせても、かえって審理にあたる裁判官らに異動があれば、潮目が変わってしまうかもしれないからだ。

次回期日は、２０１９年10月28日と指定された。この日が、審理終結の日となる。期日が終わった後、ルーベンさんには次回で裁判が終わることを報告した。そして、ルーベンさんからは、負けたらどうなるのか今後のことが心配で、２日間眠れず寝過ごしてしまい、裁判に行けなかったと伝えられた。

第6回口頭弁論〈審理の終結〉

2019年10月28日、6回目の口頭弁論期日が開かれた。当日、法廷には、本人の姿もあった。傍聴席には、変わらずに傍聴を続けてくれた多くの支援者が座っていた。

わたしたちは事前に、最終準備書面の内容を口頭で陳述したいので、そのための時間を確保してほしいと裁判所に伝えていた。裁判所からはすでに書面を受け取り、内容を把握しているため「手短に」と釘を刺された。

しかし、当事者である本人、そして傍聴に来てくれた人たちと1年以上にわたって、毎回今日で終わるかもしれないという緊張感を抱きながら法廷に立ち会ってきた、その控訴審が終結する節目にあって、この裁判にはどのような意味があったのかということを、法廷にいる人たち全員と改めて共有したかった。口頭での陳述は、本来、公開と口頭での弁論が原則であるという裁判の仕組みからしても理にかなっている。

わたしは、ジョージアへの送還が実施不能であること、本件処分が維持されれば、収容の可能性があるほか、仮放免を受けて在宅事案となっても何らの社会保障もなく、仕事もできないため、人間として生きるために必要な健康や生命すら維持する途が絶たれること、これまでにも送還不能な無国籍者には在留特別許可が認められて保護されてきた実績があること、送還先と指定されたジョージアは、当事者が最も望まない国であることを訴えた。

そして最後に「控訴人を、ジョージアはもとより、他国へ強制送還することが実現不能であることは、本件控訴審における審理で一層、明らかになりました。強制送還を執行する義務は国にあるのですから、それが実現できないにもかかわらず、当人の生命、身体、これを維持するための活動を制限することが理不尽であることは論を俟ちません。あらゆる国家から拒絶され、健康も害している控訴人に、本邦において、人間として生きることが尊重される途を開いていただくよう、本件控訴審裁判所におかれましては、正当な判断がなされることを求めます」と締めくくった。

裁判長は「以上で審理を終結します。判決言渡しは、1月29日13時20分と指定します」と言い、法廷を後にした。

わたしたちの長い取り組みが終わった。控訴を提起してから約1年3カ月、裁判を提起してから4年半が経っていた。振り返ると、毎回開かれる期日のたびに裁判所から宿題をもらい、主張書面と証拠を補充して、これまでに提出した証拠の数は１００を超えていた。3カ月後に言い渡される判決が、本人にとって明るい未来を示すよう、ここまでくると、あとは祈るしかなかった。

傍聴に集まった人々は、廊下に出てわたしたちのことを待っていてくれた。ルーベンさんは「ありがとう、ありがとう」と皆に感謝の気持ちを伝え、わたしたちからもこれまで審理を傍聴してくれたお礼を伝え、判決言渡し日にも、ぜひ足を運んでくださいとお願いした。ルーベンさんは「どうなるかな」とつぶやいた。「わからないけれど、できることは全部やりました。あとは、裁判官を信じて待ちましょう」そう伝えると、「そうだね、ありがとう」と静かに言った。

第9章　はじまりの判決

体調不良

２０２０年1月19日、判決日の10日前になると、ルーベンさんからｅメールが届いた。

「ハーイ、オダガワさん。前と同じように、脚に問題がでてきました。今回は、右脚が痛い。29日までに良くなるかわかりません。私が裁判所に行かなくても、結果に影響はありませんか？もし良くなったら行きますが、行けなくても大丈夫ですか？」

体調不良のため、裁判所に行くことができないかもしれないという知らせだった。

判決日に彼が法廷に来るかどうかで結論が変わるわけではない。出廷すれば、いち早く結論を知ることができるが、それは本人もわかっていた上での連絡だと思った。ルーベンさんの健康状態を思うと、体調を優先する方が大事だと思い、医師の診察を受けるように勧め、当日は裁判所に来られなくても問題ないと返信した。

判決次第で彼の行く末は大きく変わり、勝訴すればこれ以上居場所を求めて国境を越えた移動を繰り返す必要はなくなる。一方で、もし敗訴すれば不安定な状況は続き、住む家もまた失い、困窮状態が悪化する。居場所を求める放浪の旅も終わらない。ルーベンさんにのしかかる重い強度のストレスは体調不良に拍車をかけていた。

勝訴の兆し

判決日の5日前、2020年1月24日の朝早く、鈴木弁護士から良い兆しを知らせるeメールが届いた。

「野山裁判長がよい判決を出されたよう。期待できるかな…もう（判決）書いているんですよね」というメッセージとともに、朝日新聞デジタルの記事のリンクが貼られていた。ルーベンさんの控訴審を審理していた裁判体と同じ裁判長が、良い判決を出したという。どんな事件の判決なのだろうかと期待を込めてクリックすると、思いがけないタイトルが目に飛び込んできた。

【「いじめを封印して闇に葬った」府中市に賠償命令　高裁
東京都府中市の小学校でいじめを受けたのに放置され、心的外傷後ストレス障害（ＰＴＳＤ）を発症したとして、20代の女性が市に損害賠償を求めた訴訟の判決が22日、東京高裁であった。野山宏裁判長は一審の東京地裁立川支部判決を取り消し、学校側の過失とＰＴＳＤの因果関係を認め、市に約756万円の賠償を命じた。判決は「校長を中心にいじめ問題を封印して闇に葬った」と指摘。「PTSDの回復を著しく遅らせ、今日まで症状を長期化させる原因になった」として、校長らが児童への安全確保義務を怠ったと判断した。女性は今でも仕事に就くのが困難な状態だという。…（朝日新聞　新屋絵理）】

判決に「いじめを封印して闇に葬った」という記述があることに衝撃を受けた。この表現を書き記すこと自体、事実認定について、裁判官の被害者の立場にも立った思慮深さが窺える。そのうえ、問題となっている事件自体は、当事者が未成年の小学生時代にあったいじめである。そして、当人が成人した後に、その影響が今も続いていることを前提として、当時の校長や教師たちの責任を追及した訴訟で、法律上の論点も多い困難な事件であると容易に想像できた。原告の一審敗訴の判決を覆して逆転勝訴させ、地方行政に厳しい判断が下された画期的な判決だった。

わたしはこのニュースに接して、もしかするともしかして…と淡く抱いていた判決への期待が自分の中で色濃くなっていくのを感じた。ルーベンさんの控訴審は、野山裁判長からの的確な問題提起がなされ、審理が積み重ねられてきたのだ。いじめが原因でPTSDとなり、成人してもなお苦しんでいる当事者を前に、いじめを放置した大人の教師らの過失を認めた裁判長ならば、国家崩壊を起点として無国籍になり、今なお行き場を失い苦しんでいるルーベンさんの問題について、何も語らないはずがない。

慌てて記者会見を準備

判決に合わせて記者会見を開かなければ、との思いを強くした。以前から弁護団で記者会見をしてはどうかと話し合い、ルーベンさんにもそのことを伝えていたが、判決に対する期待と不安が入り混じるなか、日々の忙しさに押されて着手することができずにいた。

このニュースを知ったのが金曜日。判決は、翌週水曜日の午後1時過ぎである。会見を開くならば、今すぐに段取りする必要がある。鈴木弁護士と相談し、慌てて準備を始め、まず、東京地裁・高裁庁舎の2階にある司法記者クラブに電話をして、場所と時間を押さえられるかを確認した。幸い、他の事件との兼ね合いや判決言い渡しの時刻を踏まえて、当日の16時に予約することができた。

そして、ルーベンさんにも、記者会見を行うことを改めてeメールで連絡した。体調も優れず、判決の結果もわからない状態では、ルーベンさんは、記者会見に参加するかどうかをすぐに決められないかもしれない。報道としては、当事者本人の同席があったほうがインパクトもあり、記事になりやすいだろう。しかし、ここまでのやり取りからすると、取材を受けることを望まない可能性もある。ルーベンさんが取材を望まない時は、その意思は尊重したいと思っていた。

「ルーベンさん、こんにちは。以前からお伝えしていましたが、29日の判決の日に、記者会見を開こうと思い、このメールを書いています。もし、この事件で勝訴したら、この判決は、あなただけではなく無国籍状態にあって強制送還を余儀なくされている人達に対しても、大きな影響を与えるでしょう。そのインパクトは計り知れません。

一方で、たとえ敗訴したとしても、あなたのケースは、日本社会に対して現状の入管実務についての重要な問題提起になります。なぜなら、日本政府は、現実的には強制送還することができないにもかかわらず、何らの社会保障もないままで、あなたは引き続き日本に留まらなければならないからです。

もし勝訴したら、あなたのケースは新聞やテレビで報道されると思いますが、敗訴した場合は、ニュースにはならないかもしれません。しかし、結果がどうあったとしても、無国籍者の退去強制が困難であるという実態とそれが与える当事者への影響について、問題提起をしたいと考えています。あなたが記者会見に参加したくなければ、参加しなくて大丈夫です。わたしたちは16時から司法記者クラブを予約しました。ご連絡が遅れて申し訳ないのですが、わたしたちの考えを理解してもらえたら嬉しいです」

eメールを送ると、まるでこの知らせが届くのを待ち受けていたかのように、ルーベンさんから即座に電話がかかってきた。ちょうど、認定NPO法人難民支援協会（JAR）の事務所にいてタイミングよくメールをチェックしていたのだ。電話で改めて記者会見について説明し、ルーベンさんの承諾を得ることができた。一方で、ルーベンさんの体調は芳しくなく、やはり判決日には行けたら行くし、会見にも参加できたらするとのことだった。本人の体調を確認するため、生活支援を行っているJARのスタッフからも話を聞くと、判決が相当なストレスとなっているようで、診察を受けた病院からは入院を勧められたとのことだった。しかし、本人が入院を断っている状況であると教えてもらい、くれぐれも無理をしないようにと伝えて電話を切った。

ルーベンさんとの電話を終えると、深いため息がでた。ここまできたら、判決がよい結果であることを願うしかない。そして、今できることをしなければならない。記者会見の案内文を作成し、弁護団のメンバーにもメールで記者会見と彼の体調を報告した。時間はあっという間に過ぎていき、司法記者クラブに記者会見の案内をFAXしたときには、夕方になっていた。

いつものようにメーリングリストで、判決言い渡し期日と記者会見を案内し、傍聴も呼びかけた。案内を送っているメーリングリストには、司法記者クラブには所属していないが難民や無国籍の問題に関心を持っているメディアの方たちも参加している。この件を気にかけてくれている人は、この案内を見て会見にも来てくれるかもしれない。

問い合わせ先を示して呼びかけると、すぐに複数の記者から続々と問い合わせの連絡が入った。いわゆる外国人事件において、控訴審でこれだけの回数の審理が重ねられることは珍しく、勝訴判決の見込みありと思ったのかもしれない。記者会見の前に、必要な情報を知りたいとの依頼が寄せられた。これまでの経験則で、報道関係者からこのように問い合わせが殺到するときは、報道される可能性が高い。充実した内容を報道してもらうためには、事案の内容や問題点をきちんと理解してもらう必要がある。そのためには、ある程度の時間を割いて説明をしなければならない。他の業務対応の隙間を縫って、できることをやり切ろうと問い合わせに応じていった。

2020年1月29日、はじまりの判決

２０２０年1月29日。判決言い渡し指定時刻である午後1時20分の約5分前、わたしと鈴木弁護士は、８２５号法廷に着いた。そして少し経つと、ルーベンさんも法廷に現れた。数日前には脚が痛むので、裁判所には行けないかもしれないと言っていたが、当日、裁判所までやって来た。ルーベンさんは、脚を引きずりながら法廷内のバーを押して入り、当事者席に近づいてきた。さすがに緊張した面持ちである。ルーベンさんを間にはさんで、わたしと鈴木弁護士が前列に着席した。そして、後列には、酒井弁護士、古池弁護士、加藤弁護士が着席した。正面を見据えると、国の被控訴人代理人の席は空席である。しかし、その席の近くの傍聴席には、被控訴人代理人達の姿が見える。判決内容は聞くが、被控訴人の席ではなく、傍聴席で聞くつもりなのだ。

傍聴席を眺めると、これまでずっと見守り応援してくれた支援者やメディア関係者たちの顔

が見えて、心強い。ルーベンさんだけではなく、わたし自身も毎回期日の度に緊張し、張りつめながら法廷に立っていた。ここまで頑張ってこられたのは、この場にいる支援者の方達や、この場にはいないけれど、事件を気にかけてそれぞれの方法と関わりで協力してくれたりエールを送ってくれていた人たちの存在がある。

ざっざっざっ、と裁判官たちが近づいてくる足音が聞こえてくる。扉が開き、法服に身を包んだ裁判官が法廷に入ってきた。

「ご起立ください」と書記官が声をかける。控訴人席に座っていたわたしたちと傍聴席に座っていた人たちが一斉に立ち上がる。一呼吸の間をおいて、裁判官に向かって皆一礼する。いつもの儀式である。

「平成30年（行コ）第232号　難民不認定処分取消等請求控訴事件」

事件番号が読み上げられた。

いよいよ判決が言い渡されると思うと、自然と背筋が伸びる。

運命の瞬間だ。

裁判長の顔を一心に見つめ、裁判長が言葉を発する。

「それでは判決を言い渡します。主文、原判決を次の通り変更する」

法廷に緊張が走る。よし、控訴棄却ではない。判決が変わるのだ。

祈るような思いで、続く発言に全集中した。

「法務大臣が平成23年4月11日付けで第1審原告に対してした難民の認定をしない処分を取り消す」

一瞬、ざわっとどよめきが起きたように感じた。法廷の空気が驚きの色に染まる。

思わず、右隣に座っているルーベンさんの顔を覗き見た。ルーベンさんは、何ごとか？　といった表情で瞳を大きくさせながらポカンと裁判官の方を見つめている。

裁判長は続ける。その言葉には淀みがない。

「東京入国管理局主任審査官が平成24年6月12日付けで第1審原告に対してした退去強制令書発付処分が無効であることを確認する」

「第1審原告のその余の請求を棄却する」

「訴訟の総費用はこれを3分し、その1を第1審原告の負担とし、その2を第1審被告の負担とする。以上です」

判決主文を全て言渡すと、裁判官は立ち上がりまた一礼をして法廷を後にした。

一瞬の出来事だが、勝利を掴んだ瞬間であった。

思いがけない勝訴判決に、驚きを隠せなかった。審理を重ねた控訴審では、難民に関する直接的な争点については全くと言っていいほど触れられていなかった。そのうえ、彼が出身国を出たのは1993年であり、一方で、難民不認定処分が出されたのは2011年であるため、処分時点で難民該当性を満たすと評価されることは時の経過が影響して厳しいのではないかと思っていた。事実上送還が不能であることが審理で明らかになり、退去強制令書の無効が確認されるのではないかと予測はしていたが、難民として認められるという結論は、予想以上であった。しばらくの間、言葉を失った。

気がつくと、鈴木弁護士がルーベンさんに声をかけていた。

「勝ちました、勝ちましたよ！　難民として認められたんです！」

ルーベンさんは信じられない、というように大きな目をさらに丸くして頬を紅潮させていた。

「YES,YES,ありがとう…」

わたしはこれまで一緒に取り組んできた鈴木弁護士や弁護団の仲間の顔を見ると、自然と涙がにじみ出てきた。みな笑顔で興奮して喜んでいる。

ルーベンさんに向き直って伝えた。

「勝ちました。あなたは難民です。退去強制令書は無効です。強制送還はされません」

加藤弁護士、古池弁護士、酒井弁護士も口々に、喜びの声を発する。

「やりましたね！　難民ですよ、難民！　おめでとう！」

ルーベンさんの人権が、日本の裁判所で保障されたのだ。

法廷が歓喜の色に染まる中、被控訴人代理人らは静かに去って行った。判決を聞いて、どんなふうに受け止めたのだろうか。

喜びの共有

一審と控訴審の記録が詰まったキャリーケースを引きながら、傍聴に来てくれた支援者の皆さんにお礼を伝えるため、法廷から待合スペースに移動した。集まってくれた人たちの顔にも驚きや歓喜の表情が現れている。

これまで裁判を支えてくれた支援者の方達に、お礼を伝えた。

「先ほど、判決言い渡しがあったように、ルーベンさんの難民不認定処分が取り消されました。そして、退去強制処分も無効であることが確認されました。判決の理由付けを確認しないとわからないのですが、ルーベンさんが難民であるという判断があってのことだと思います。難民として認められることを、ルーベンさんは一番に望んでいたので、本人の主張が100%認められた、ということになります。ここまでの判決を得られるとは想定していなかったので、わたしもすごく驚いています。率直に、嬉しいです。ここまで、重ねて傍聴に来てくださった方、支援をしてくださった皆様に、心からお礼申し上げます。本当に、ありがとうございました。ルーベンさんからも一言お願いします」

「はい、ありがとう。みなさん、ありがとうございます。裁判で勝ちましたが、とても驚いています。まだ信じられないです。本当に皆さんありがとうございます」

拍手が湧いた。そして、弁護団のメンバーからもそれぞれコメントがあり、皆で喜びを分かち合った。

そして、ここまでルーベンさんを支援し、苦楽を共にしてきたJARのスタッフにも勝訴の一報を直接伝えたかった。田多さんに電話をかけると、すぐに出てくれた。

「田多さん、小田川です。裁判、勝ちました！」

「うそ！　ほんとに？」

「本当です。本当に、ありがとうございます」

「いや、それはよかった！」

「はい。難民不認定処分、取消しです。わたしもびっくりしました」

「難民ですか」

「はい。ちょっと本人にかわりますね」

ルーベンさんに電話をかわり、直接報告するように促した。支援してきた者にとっては、当事者からのよい結果の報告は一番嬉しい、報われたと思う瞬間でもある。

「ルーベンです。はい、はい。ありがとうございます。ありがとう」

横でルーベンさんが話しているその声を聞いていると、ああ勝ったんだなとしみじみ実感が湧いてきた。

JARの事務所ではこの報せを受け、その場にいたスタッフやインターンの間から拍手と歓声が湧き上がったという。普段、難民支援をしていても、なかなか訪れない喜びの瞬間である。

JARはルーベンさんの来日当初から、10年もの長い間支援をし続けてきた。判決の前日には、ルーベンさんがJARのスタッフに「悪い結果が出ることしか考えられない。負けたらどうしようか。その場で捕まってしまうのだろうか」と弱音を吐いていたそうだ。きっと、この瞬間まで不安で夜も眠れなかったに違いない。逃げ出したくなる気持ちがこみ上げてきては、必死にそれと格闘していたのではないかと思う。

わたしと鈴木弁護士は手分けして、これまでお世話になった方々に勝訴の一報を連絡した。そして、これまで傍聴や支援を呼び掛けていた難民や無国籍者の支援団体のメーリングリストにも、速報として勝訴判決であったことを短くeメールで報告した。すると、次々と祝福の連絡が入り、この事件を気にかけてくれていた人たちがこんなにいたのかと改めて知る機会となった。

その後、記者会見に備えて判決理由を分析するために弁護士会館へ移動した。結論はわかったが、判決理由が気になるところである。裁判所は、いったいどんな理論構成で、彼を難民と認めたのか早く知りたかった。

詳細な事実認定

判決は全部で36ページだった。一審判決は全部で29ページだったので、驚くほど長いというわけではないが、1審での審理に加えて6回の審理を重ねた分、相応のボリュームがある。弁護団の皆で検討するために、判決書をコピーした。冒頭に要約された当事者の主張のまとめはひとまず飛ばして読んでいく。何より知りたいのは判決理由だ。それはまず丁寧な事実認定から始まっていた。

1　第1審原告の家族
2　旧ソ連崩壊前における多民族連邦国家であった旧ソ連の状況
3　ジョージアにおける民族主義の沸騰と旧ソ連崩壊前後の情勢
4　ジョージア独立前後の時期に第1審原告が置かれた状況
5　ジョージア脱出後の第1審原告

認定事実は5項目に分かれて記載され、それぞれの項目においても時系列に沿って、冷戦が終結する前後の政治的転換の歴史的な文脈を踏まえて、本人がどのような体験をしてきたのかが丁寧に認定されていた。事実認定に割かれたページ数は18頁を越え、判決のほぼ半分を占めていた。これに対して、一審判決が事実認定に割いたページ数は、わずか5頁半にすぎない。このような書きぶりからも、一審と控訴審とでは、本件に対する向き合い方が全く異なっていたことがわかる。

一審判決では、本人がアルメニア民族であることすら認定されていなかったが、控訴審では、証拠と弁論の全趣旨を総合して、本人がアルメニア民族であることは正面から認定されていた。また、一審判決では、本人が主張した体験事実を「アルメニア人であることを理由とする迫害であったことを示す客観的な証拠は何ら提出されていない」、「アルメニア人であることから行われたものであるかは不明である」と〝証拠がないから認定できない〟という姿勢で判断していたが、控訴審では、そもそも、アルメニア民族は「全世界でユダヤ人に次ぐ規模のディアスポラ（離散民族）である」と、歴史的文脈における公知の事実を大前提にしており、その着眼点が異なっていた。

当時のジョージアの社会的な状況についても、ジョージア民族以外のアルメニア民族を含む少数民族に対する差別的取り扱いが社会の随所に、公然と又は隠然として存在していたこと、本人がアルメニア民族という少数民族の立場で、どのような社会的虐待、差別を受けてきたのかが、本人の供述した内容に沿って丁寧に認定されていた。

とりわけ、次の記載には目を引いた。

「第1審原告にとって、1991年から1993年3月始めにジョージアを脱出するまでのジョージアの領域内における記憶は、当時のアルメニア民族への差別・排斥政策に基づく、身体や財産被害を中心とする恐怖のトラウマ体験の記憶であった。現在の第1審原告は、ジョージアのことに触れると、恐怖の記憶（当時のアルメニア民族差別政策に基づく被害の記憶）にさいなまれ、ストレス障害（悪化するとPTSDになるもの）のような症状を呈しているものとみられる」

出身国を出て、これまで実に長い間諸外国を転々と放浪せざるをえなくなったのは、ジョージアでの苛酷なトラウマ体験の記憶に起因するということが認定されていた。裁判所に、本人の体験事実を理解してもらえたと思った瞬間であった。

さらに、控訴審判決は「第1審原告は、現在のジョージアの領域内で旧ソ連時代に出生し、現在のジョージアの領域内で旧ソ連時代のロシア語による教育を受け、旧ソ連軍の兵役にも従事したが、成人して間もなく旧ソ連の崩壊とジョージア独立直後の政府の非ジョージア民族差別排斥政策に基づく混乱の中でジョージアを出国せざるを得なくなり、旧ソ連の国籍を失ったまま無国籍者となったものである」として、本人が、政治体制の大転換の混乱に巻き込まれて無国籍になったことを認めていた。

一審では正面から認定されなかったジョージアへの受け入れ可能性についても、「本件不認定処分時や本件退令処分時においても、その後の控訴審口頭弁論終結時においても、第1審原告がジョージアの領域内に送還された場合に、ジョージア政府が第1審原告を受け入れる可能性はないものと認められる」として、送還可能性がないという判断が明確に示されていた。

一連の事実認定を読むと、どうしてこんなにも長い間ルーベンさんが各国を放浪せざるを得なかったのか、苦しみながらも必死でもがき生き延びてきたルーベンさんのことを、裁判所が真正面から受け止めて理解してくれたのだと思えた。裁判官がルーベンさんの話を聴き入れてくれ、伝えたかったこと、わかってもらいたいと思っていた複雑な事情などが通じたことに、代理人としてのわたし自身も、自分の身体の中に溜まっていたストレスの塊りが少しずつほぐれていくようで、心も身体も温かくなっていくような感じがした。

生計の基盤を破壊する生存権侵害も「迫害」

丁寧な事実認定を踏まえ、控訴審の判決では、難民の定義の解釈についても踏み込んだ判断が示されていた。

「第1審原告は、ジョージアの領域内では、政府の非ジョージア民族差別政策により、生計の基盤が破壊され生存の危機に追いやられるという恐怖を受けた。生存の危機に追いやられるほどの生計基盤の破壊の恐怖は、生命身体の自由の侵害による恐怖に匹敵するものであった。以上によれば、第1審原告は、ジョージア国内で、生命身体の自由の侵害に匹敵するほどの生存権侵害の迫害を、公的かつ組織的に受けたということができる。すなわち、生計の基盤となる財産権の保障を受けられず、生計の基盤を破壊されて生存権が著しく侵害され、生存の危機に追いやられるという公的かつ組織的な迫害を受けたということができる」

これまでの多くの裁判例では、難民の不認定処分が取り消される場合であっても、難民の定義の中核要件の一つである「迫害」とは、「通常人において受忍し得ない苦痛をもたらす程度の生命若しくは身体の自由の侵害若しくは抑圧」であるとして、生命身体の自由の侵害や抑圧に限定して解釈されてきた。これは、国際基準とはかけ離れており、裁判ではその点についても反論をしてきた。

これを受けてか、本件の控訴審判決では、本件事案に即して、暴行や略奪を受けるなどして財産権の保障を受けられず、経済的・社会的権利が著しく否定されることも「生命身体の自由の侵害に匹敵するほどの生存権侵害の迫害」であると位置付け、「迫害」に含まれると解釈されていた。

これは、いわば、司法から行政に対する、〝難民認定の判断基準を是正せよ〟というメッセージともいえる。司法が定義について踏み込んだ解釈を示せば、行政はこれに留意して手続を行わなければならない。それが三権分立というものだ。

「トラウマ体験の記憶」を踏まえた迫害の恐怖の判断

また、裁判所は、難民の定義の中でも中核的要素である「迫害を受けるおそれがあるという十分に理由のある恐怖」についても、重要な判断を示していた。この「恐怖」の存在を判断する中で、ルーベンさんの一連の体験と再入国が拒否されているという事実を考慮したのである。すなわち、裁判所は、ジョージア政府には、第1審原告が送還された場合にこれを受け入れる意思がなく、第1審原告の氏名や風貌はアルメニア民族（非ジョージア民族）と判断されるのが通常であるが、その経歴を証明する公的な民事記録が存在せず、素性が分からないことから、ジョージア領域内に送還された場合に、第1審原告が受け入れられる可能性はない、と認定した。そして、かつて第1審原告は、生計の基盤を破壊され生存の危機に追いやられるという迫害を受けているので、その本人に対する再入国の拒否は、現時点においても生計の基盤を築くことを拒否するものであると評価し、第1審原告に、仮にジョージアに戻ったとしても、生計基盤が構築できず、生存の可能性を奪われるという恐怖を与えていると認定した。その意味で、ジョージア政府は、現時点においても迫害を継続していると判断したのである。

他方で、処分時点、控訴審の口頭弁論終結時においても、ジョージアの領域内において非ジョージア民族に対する組織的迫害が行われていることは認めていない。しかし、本件においては、当人が、ジョージア領域内への入国と領域内での生計基盤の構築を拒まれていることから、生存権が保障されないという恐怖を有しているので、「第1審原告については、十分な理由のある迫害の恐怖の存在を肯定するほかはない」と断じた。

このように、差別され虐げられ無国籍に陥った者への再入国の拒否そのものを「迫害を受けるおそれがあるという十分に理由のある恐怖」という要件の評価に取り込んで判断した例は、これまでに見られないのではないかと思った。

ここに、この判決の意義を改めて感じた。裁判所は、ルーベンさんの過去の一連の体験を未来に向かって途絶えることなく今も続いていると評価している。人が、その国で生きていくために必要な権利を尊重されず、まるで権利など存在しないかのように扱われ、生命の危機にさらされる体験をした場合、その国に受け入れてもらえるという現実的な保障や、身の危険があっても保護され危機への対処に協力してもらえるという安心安全の基盤がない限り、人は危機を避けるため帰ることを回避しようとするだろう。そのうえ、その体験がトラウマ体験であったなら、尚更であることは容易に想像がつく。したがって、裁判所は、ルーベンさんの主観的な迫害のおそれの存在を認定したうえで、実際に、そのような体験をした国を統治する国家が、今なお、当人の入国を拒否し続け、結果として生計の基盤をその国で築くことを否定しているため、そのこと自体が迫害であり、当人の主観的な恐怖は、客観的にも裏付けられ「十分な理由」があると評価したのである。裁判所は、ルーベンさんの「トラウマ体験の記憶」を難民保護の枠組みの中で考慮し、ルーベンさんの尊厳を護ったのである。

わたしは、裁判官が目の前に突き付けられた前例のない課題を解決するために、思慮深く事実認定を行い、法的課題を乗り越えていった軌跡に心を打たれた。

地球上で行き場を失うことは明白であった

難民該当性の判断に続き、退去強制令書についても判断を示していた。

「本件退令処分は、第1審原告が難民であるという事実を見落として発令された。本件退令処分の発令には、裁量権の逸脱、濫用があったものといわざるを得ない。そして、第1審原告には在留特別許可がされるべきであったから、本件退令処分は、違法である」

ここまでは一般的な流れであり、よく目にする記述でもある。ところが、読み進めていくと驚きの表現が目に入った。

「また、第1審原告が難民であるばかりでなく無国籍者でもあって受入見込み国が存在しないこと及び退去強制命令を発令すると第1審原告が地球上で行き場を失うことは、審査官ら退去強制手続担当者にも一見明白であった。そうすると、本件退令処分の瑕疵は重大明白であったということができる。以上によれば、本件退令処分は、その全体が無効である」

〝第1審原告が地球上で行き場を失う〟という記述は、とりわけ目を引き、鳥肌が立った。裁判官がこちらの思いを汲み取ってくれた、そう思える胸に刺さる一文であった。わたしには、この一文に、裁判所の本件事案に対する理解が凝縮されているように思えた。そして、記者会見ではこのフレーズを強調しようと閃いた。

裁判所は、退去強制処分全体が無効であると判断していたので、本件を解決するためには、それ以上の判断は不要ともいえる。ところが、裁判所は、こちらが一貫して主張してきた、本人が希望しない国を送還先に指定し、その指定が誤っていたではないかという問題提起にも応えてくれていた。

判決は、一般論として、本件と異なり送還先として適切な国がある場合に、当人が、送還実行不可能な国だけを希望するときについてまで希望国を指定しなければならないのは不合理であると示した。一方で「希望しない理由に相応の合理性があるときは、その希望しない国を送還先として指定することは、入管法53条2項の趣旨が本人の合理的な希望は尊重するという点にあると考えられることからすると、明らかに合理性を欠く」として、本件では、退去強制命令において送還先をジョージアへ指定した部分も違法であると評価した。

判決文を一通り読み終えると、いろいろな思いが巡った。判決には、わたしたちが訴えた自由権規約に違反するという主張やマクリーン判決をめぐる批判に直接言及する記載はなかった。また、在留特別許可をしなかった処分については違法と認定したが、無効とまでは評価しなかった。しかし、退去強制命令がなされたことにより本人が置かれている状態が、「品位を傷つける取扱いの禁止」にあたり、生命維持を否定するではないかという根幹部分の主張は丁寧な事実認定と難民該当性の判断、退去強制命令の判断の中で十分に斟酌されていると受け止められた。

振り返ってみると、同種の案件で、これほどまでに裁判所がこちらの主張を受け取って、何度もキャッチボールをしたうえ、真正面から応答してくれたという経験がなかった。崖っぷちに立ちながらも諦めずに踏みとどまり、原則からの主張を繰り返し続けてきてよかったと心から思った。

ふと現実に戻り、記者会見に備えて、これまでのわたしたちの主張と照らし合わせて検討しようと思ったとき、記録をいれたキャリーケースが手元にないことに気づいた。

「あれ？　ガラガラがありません！」思わず叫んだ。記憶を遡ってみると、法廷で判決を聞いたときには、記録を持っていた。そこから、キャリーケースとともに待合室に移動した。そして弁護士会館に移動して今ここにないということは、裁判所の待合室に置き忘れてきてしまったに違いない。

慌てて裁判所に記録を取りに戻った。記録を入れたキャリーケースごと置き忘れてしまうなんて、どれほど気が動転していたのだろう。こんなに大きな忘れ物をすることも、初めての経験だった。待合室に戻ると、既に扉が閉まっていたが、近くにいた裁判所職員から、裁判所内の忘れ物として保管されていることを教えてもらった。記録の詰まったキャリーケースは迷子になり、事務室で保管されていた。記録は無事にわたしの手元に戻ってきた。

弁護士会館に戻ると、ルーベンさんは、鈴木弁護士らから判決内容について説明を受けていた。ルーベンさんは、自分がこれまで主張してきたことが受け入れられて、自分が難民であることが認められ、納得している様子だった。ジョージアへ帰されることはないと知り、どんなにほっとしたことだろう。

ルーベンさんに、これから開く記者会見に参加して話をするかを確認すると、参加するという返事だった。今日は、ルーベンさんの人生が変わるはじまりの記念すべき大切な日である。

自分の言葉で、今日の判決に対する感想や思いを伝えてもらうことには、これまでの歴史を思うと、特別な意味があると思った。

本人参加の記者会見

記者会見の時間が近づき、再び裁判所へと向かった。司法記者クラブの部屋は、東京地裁・高裁庁舎の建物の2階にある。部屋に入ると、いつものように檀上に向かってテーブル付の椅子が並べられており、その脇には、JARスタッフの田多さんの姿もあった。田多さんから「おめでとうございます」と声をかけられ、わたしも笑顔で「ありがとうございます」と応じた。続けて部屋に入って来たルーベンさんにも「おめでとうございます」と伝え、2人は握手を交わした。

わたしたちは檀上にあがり、着席した。わたしの右隣に座ったルーベンさんは、カメラを向けられ多くの報道関係者の視線を浴びたが、判決が出たとはいえ、本人はまだ難民認定を受けていないので、顔と名前は伏せてもらうことをお願いした。

時間を知らせるチャイムが鳴り、記者会見が始まった。まず、それぞれの自己紹介をしたうえで、弁護団から、事件の概要と判決の要旨を伝え、裁判所が真正面から無国籍の問題について受け止めてくれたこと、「地球上で行き場を失うことは明白であった」と断じて退去強制令書を無効と判断したことを述べた。

難民不認定処分の取り消しのポイントはどこかと尋ねられ、わたしは「一審では、彼がアルメニア民族であることが理由で暴行や虐待を受けたという証拠がないことを理由に、否定されました。しかし、たいていの難民は証拠を持って国を出ることはほとんどありません。過去に迫害されたことを示す客観的な証拠を持っていることの方が、例外なんです。客観的な証拠がないと認定できないというのなら、難民認定などできるはずがありません。この点、控訴審の裁判官は、彼が現に帰れないという事実、これまで彼が一体どんな体験をしてきたのかということや、陳述書や出身国情報をよく受け止めて、彼の行動全般を歴史的な文脈の中で評価してくれました。証拠というならば、まさに彼自身が証拠です。あるべき難民認定の姿だと思います」と答えた。

一方で、ルーベンさんは判決を受けて今の思いを尋ねられると、目線を上げながらゆっくりと答えた。

「裁判所や支援者、弁護士達に、私の問題を理解してくれて、まずはお礼を言いたいです。裁判所に難民と認めてもらえるとは信じられなかったです。これまで30年近くいろんな国をわたり歩いてきました。この長い苦しみが今終わったと信じています。ようやくストレスからも解放されて、これからは未来に向かっていけます。働いたり、医療を受けたりしたいです」

20分近く質疑応答を受け、また会見後にも個別の対応をして記者会見を終えた。この時間帯の記者会見だと、報道は翌朝になる。この記者会見を踏まえ、判決の翌日1月30日には、

NHKをはじめ朝日新聞、毎日新聞、東京新聞、yahooニュースで報道がなされた。見出しには「無国籍」「地球上で行き場失う」「逆転勝訴」「高裁判決」というキーワードが目立ち、野山宏裁判長の率いる東京高裁の裁判体が下した画期的な判決の存在が社会に伝えられた。

裁判所を出ると、陽がすでに傾いていた。ルーベンさんには、判決が確定するまでには2週間かかること、おそらく国は憲法判断までは求めず上告はしないだろうが、その結果は2週間たたないとわからないこと、また、確定した後は、法務省にできるだけ早く難民認定してもらえるように働きかけるが、実際にいつ認定されるかはまだわからないので待っていてほしいと伝えた。

霞ヶ関の駅まで一緒に歩き、地下鉄に乗って帰路につこうとしたが、ルーベンさんが改札に入る手前で躊躇している。どうしたのかと確認すると、JARから交通費を渡されて、いつもの乗り換えを踏まえて切符を買ったのだが、これでよいのかわからない、迷わずに帰れるかを心配していた。裁判所に来たのは初めてではないので、どうしたのだろうと思ったが、今日は判決があった特別な日だ。その上、その内容はルーベンさん自身が一番望んでいたものの、判決が出るまでは強制退去に不安を感じ続けていたのだから、その心配がなくなり、いつものルーティンが飛んでしまったのかもしれない。万が一お金が足りなくなった時のためにと、1000円札を取り出して渡そうとした。使わなかったら後で会ったときに返してくれればいいからとも伝えた。しかし、ルーベンさんは「だいじょうぶ、だいじょうぶ」と言って、受け取りを固辞した。

わたしは、その様子が印象に残った。手続上のこととはいえ、実際に難民認定される日はまだわからないと伝えたことで、不安にさせたのかもしれない。改めて早く難民認定を受けて安定した在留資格を得て、日本社会に溶け込んでいってもらえればと願った。

今日は2回目の誕生日

判決から２週間経過した後、裁判所に問い合わせると、国からの上告の申立てはなく、控訴審の判決が確定したことを教えてもらった。その流れで、法務省の難民認定室にも電話をかけて経緯を伝え、できる限り早く彼を難民として認定するよう申入れをした。ルーベンさんには、判決が確定して法務省にも早く難民認定するよう要請したことをｅメールで伝えた。

その後、２０２０年２月19日になると、東京入管の担当者から電話があり、ルーベンさんについて、裁判で敗訴したので難民認定と在留資格を与える手続を粛々と進めているとの連絡があった。その口調は、不自然なほどに低姿勢で耳に残った。そして、同月26日、仮放免許可の更新予定日に、難民認定証明書を受領することになった。

わたしは、難民認定証明書を受領する日が決まり、ルーベンさんに同行してその場に立ち会いたいと伝えた。普段の業務では、当事者が一人で役所に行っても問題が生じないと考えられるときには、同行はしていない。この件は、既に難民認定という処分結果がわかっているので、トラブルになることはないだろうと思った。一方で、わたし自身、この件に長く携わってきたことを踏まえ、難民認定を受ける最後の手続まで、この目で見届けたいという想いがあった。また、難民認定を受ける当日に、彼の取材を希望する報道関係者もいたため、橋渡しも必要だった。

2月26日午前9時、東京入管の1階で待ち合わせをして、ルーベンさんと落ち合った。東京入管は仕事で何度も来ている役所だが、普段は申請やインタビューの立会いのために訪れている。しかし、この日は「難民認定」という最良の処分の告知を受けるための立会いなので、全く気分が異なる。気分が違えば、景色も心なしか明るく違ったように見えるから不思議だ。ルーベンさんは、2010年5月に来日して難民認定を受けることになった2020年2月までのこの10年の間に、一体、何度、この場所へ通ったことだろう。思えば、日本に来てからも今日の日まで長い道のりだった。

エレベーターで3階に上がり、窓口で来所の要件を伝えて、廊下で待った。現場の職員の対応は、ここでも特別に低姿勢に感じられた。処分は、原則本人のみに伝えるものだが、代理人なので一緒に入ってもらって構わない、また通訳の必要もあるということで、わたしも処分の告知に同席した。

小さな窓のない部屋に入り、ルーベンさんは裁判で勝訴して難民認定されたことの説明を受けて、難民認定証明書を受け取った。A5サイズの難民認定証明書は、その表面に、本人の身分事項と「入管法61条の2の規定に基づき難民と認定します」という一文が記載され、末尾に法務大臣の記名捺印があり、裏面には本人の顔写真が貼付された簡素なものである。ルーベンさんの国籍・地域には、「無国籍」と記載されていた。

ルーベンさんは、この紙を受け取ると、あまりに簡素な紙一枚であることに拍子ぬけをしたのか「この書類のために、これまで頑張ってきたのか。この紙一枚のために…。みんな、この紙があれば人生が変わるのに。この紙一枚で」と言った。

確かに、多くの難民申請者がこの証明書を受領すること、つまり難民認定を受けることを切望している。ルーベンさんが日本で難民申請をして、難民として認定を受けるまでの約10年の間に、難民申請手続をめぐる状況も一変した。

ルーベンさんが難民申請をした2010年の申請者数は合計1202人であった。その後、申請者数はうなぎのぼりに増加し、2016年には1万人を突破。2010年〜2020年までの難民申請者の合計人数は、7万6794人である。日本政府は難民認定制度の「濫用」者が増加していると受け止め、在留制限など様々な取り締まりを行い、難民申請の件数自体を減らそうと努めた。もっとも、難民認定実務は変わらず厳格な運用を行い、同じ期間に難民認定を受けた人数はわずか303人にとどまった。この11年間の難民認定率は、0.3％である（難民認定数合計を「一次手続不認定数」と「異議／審査請求不認定数」と「難民認定数合計」の和、つまり処分件数で割った百分率）。針の穴に糸を通すより難しいと言われる難民認定を、

難民申請者数と難民認定者数の推移

（2010年～2020年）

年	申請数	一次手続不認定数	異議／審査請求不認定数	難民認定数 一次（括弧内は勝訴後の認定）	難民認定数 異議／審査請求	難民認定数 合計
2010	1,202	1,336	325	26（7）	13	39
2011	1,867	2,002	635	7（3）	14	21
2012	2,545	2,083	790	5（3）	13	18
2013	3,260	2,499	921	3（1）	3	6
2014	5,000	2,906	1,171	6（1）	5	11
2015	7,586	3,411	1,763	19（2）	8	27
2016	10,901	7,492	2,112	26（1）	2	28
2017	19,629	9,742	3,084	19	1	20
2018	10,493	10,541	6,013	38（1）	4	42
2019	10,375	4,936	6,021	43（1）	1	44
2020	3,936	3,477	5,271	46（2）	1	47
小計	76,794	50,425	28,106	238（22）	65	303

（全国難民弁護団連絡会議作表・2023年10月14日更新参照）

ルーベンさんは、10年間の苦闘を経て、ようやく勝ち取り、難民認定証明書を手にしたのだ。

続いて、ルーベンさんは、初めて在留カードを手にした。在留カードは、中長期の在留を認められた外国籍・無国籍者に交付される身分証明書である。ルーベンさんに認められた「定住者」という在留資格は、就労制限が何もなく、永住者に次いでもっとも安定した法的地位である。期間も５年で、認められている中で最も長期の在留期間である。これを携帯していれば、街中で警察官に声をかけられ職務質問を受けても、もちろん逮捕されることはない。れっきとした、日本社会に正規に在留する一人であることの証である。

さらに、難民が受けられる公的なサービス等が記載された小さなハンドブックも受け取り、簡単な説明を受けた。なお、海外に行くために必要な難民旅行証明書は、別途の手数料と申請が必要であるとのことだった。こうした事務的な手続には10分もかからなかった。ルーベンさんはすべての書類を受け取り、小部屋を後にした。

晴れて難民認定されたことを受けて、わたしはルーベンさんに「おめでとうございます！本当によかったですね」と伝えた。ルーベンさんは「ありがとうございます！」ととびきりの笑顔で返してくれた。そして、わたしたちはエレベーターを待つ踊り場で、「やったね！」とハイタッチした。

ルーベンさんは「今日は、２回目の誕生日です。初めて、きちんとした身分書類をもらいました。ほんとによかったです。これで未来に向かっていける。でも、まだ国籍がありません。

無国籍のままです。早く日本国籍がほしいです」と言った。

ルーベンさんは、国を出てから約27年の時を経て、たどり着いた日本でその滞在をようやく認められ、日本社会の一員として受け入れられたのだ。彼の言葉を借りると、彼が、生まれ変わるためのお手伝いすることができてよかった、と心から思った。一方で、彼にとっては、難民認定を受けただけでは不十分で、国籍を得ることも重要な意味があることなのだと再認識させられた。

「日本国籍を得るためには、帰化申請をします。帰化申請にもいろいろと条件がありますが、ルーベンさんの場合、在留資格を得たのが今なので、通常だとこれから5年間待つ必要があります。日本語能力も必要で、日本語のテストもあるので、日本語学習が必要ですね。条約難民には無償で受けられる日本語プログラムがあるので、それを受けるといいと思います。次は、日本国籍の取得を目標にしましょう」

「わかりました。語学は得意ですが、日本語はムズカシイです。でも、ガンバリます」

ルーベンさんは、放浪の過程で、生き延びるために、母語のロシア語のほか、ポーランド語、ドイツ語、フランス語、スペイン語、英語などのたくさんの言語を話すことができるようになっていた。もともと能力がある人である。一方で、日本語は習得するのに世界で最も難しい言語とも言われており、日本国籍取得に向けては新たなハードルが見えた。

入管の建物から外に出たところで、控訴審の裁判にもずっと傍聴をし続けてくれていた写真家で朝日新聞の報道記者が、ルーベンさんの記念写真を撮ってくれた。ルーベンさんは、すがすがしい、いい表情をしている。わたしはその笑顔を見ることができて、嬉しかった。積み重ねてきたことがようやく報われたと思えた瞬間でもあった。一審判決の敗訴判決を受けてからは特に厳しい状況が続き、心が折れそうになることもあったが、やり遂げられたことに安堵し

▲2020年2月26日、難民認定を受け、東京出入国在留管理局前で認定書と在留カードを手にしたルーベンさん。
▼帰途、品川駅構内で著者と共に（撮影／鬼室黎）

ていた。

品川駅へと戻り、駅の長い構内を歩いて行く彼の姿も写真に納められた。この写真は後に朝日新聞の夕刊の一面記事に掲載され、報道された。

ルーベンさんの足取りは、今までのように痛む脚をひきずった重たいものではなく、希望に満ちた軽やかなものに感じられた。ルーベンさんの居場所を探し求めた長い旅路がようやく終わったのだ。日本国籍の取得という新たな目標を見据え、望んでいた新たな人生のスタートラインに立って、そこから歩き出している。

一歩一歩あるいていくルーベンさんの背中を見つめながら、これからの新しい日々が、明るく光に照らされたものになりますようにと心から願い、未来に向かって前進していく彼を見送った。

エピローグ

ルーベンさんが難民認定されて5年が過ぎた。この間に、RHQが実施する、難民認定を受けた難民を対象とする定住支援プログラムの日本語教育を受けたり、民間の日本語学校や支援団体による日本語教室にも通ったりして、ルーベンさんは以前よりも日本語の読み書き、会話もできるようになってきている。一方で、ルーベンさんにしてみると、「むかしは私のあたまスポンジみたいだった。いまはコンクリートみたい」と、語学習得のペースには違いを感じているようだ。

ルーベンさんは職探しもして、希望していた働き口であるパン屋で数カ月間、働いた。あんパン、塩パン、クロワッサンなど様々なパンを焼いたそうだ。ただ、漢字交じりで書かれた全てのレシピを短期間のうちに理解してノウハウを身に着けることは難しく、続けたかったけれど退職したそうだ。

こうした日常の中で、ルーベンさん自身の体験を公の場で話さないかという依頼も何度か受けた。しかし、訴訟代理人だったわたしを通じて伝えることは了承しても、自分自身で話すことにはあまり乗り気ではなく、お断りすることが多かった。ルーベンさんとやり取りをするたびに、難民認定を得たとはいえ、知らない相手を前に自らの体験を語ることは、実際、当事者にしかわからないストレスもあるのだろうと思った。

そんな中、国際基督教大学で教員を務める新垣修さんによる国際法の授業に協力してもらえないかと連絡を受けた。授業は、いわゆる模擬法廷で、大学院の学生たちが審査員となり、無国籍認定手続の面接審査を実施して、結論を導き出すという内容だ。難民法や他国の無国籍認定制度に詳しい研究者の新垣さんならではの企画で、わたしは代理人弁護士役、ルーベンさんにも無理がなく可能なら当事者役として参加してもらえないかというオファーだった。

実は、数年前にも同様のオファーを受けたことがある。その時は、ルーベンさんには参加を断られたので、わたしは当事者役と代理人弁護士役という二役を務めた。新垣さんには今回も断られる可能性の方が高いことを伝え、少し重たい気持ちで、ルーベンさんに依頼内容を伝えた。授業内容に日時と大学の場所も伝えると、ルーベンさんはどうしようかと葛藤しつつ、当事者役ではなく、代理人弁護士役だったらやってみたいというリクエストが出て、最終的に一緒に参加することになった。

２０２４年11月11日、大学での模擬面接審査の本番、わたしが、学生の審査員から当事者としての体験について質問され答えにつまると、ルーベンさんは間髪入れずに「依頼人は：」と、その体験を代理人弁護士として雄弁に語った。様々な質問に応答し、ルーベンさんは最後までやり遂げて、当事者役のわたしは「無国籍者」と認定された。学生たちからの温かい拍手に包まれて教室を後にし、帰路についたバスの中で「私、弁護士としてよかったでしょう。弁護士役ならほかにもやってみたい」と言い、手ごたえを感じたようだった。

年明け、この本の制作の打ち合わせのためにルーベンさんと再会した。中身に関する細部を確認し、出版前に、ルーベンさんの意向に沿っているか、改めてルーベンさんの気持ちを最終確認するためだった。その時、改めて本書の制作について尋ねてみると「良いことです。最近、ウクライナのことは知っている人も多いですが、ウクライナがどこにあるのかを知らない人もいます。ましてや、ジョージアやアルメニア民族のことはほとんどの人が知りません。この本を通じて、ジョージアやアルメニア民族のことをもっと知ってもらえたら嬉しいです」と笑顔で答えてくれた。

参考文献／資料

小豆澤史絵「無国籍を生きる人々ー法律家による支援の現場から」（特別企画「無国籍というはざま」／『法学セミナー』717号、2014年、日本評論社）
小田川綾音「本企画の趣旨」（特別企画「無国籍というはざま」／『法学セミナー』717号、2014年、日本評論社）
小田川綾音「2020年無国籍動向分析」（『難民研究ジャーナル』11号、2022年、難民研究フォーラム）
小田川綾音「「改正」入管法が成立、露呈した難民認定制度の構造的な課題」（『法学セミナー』823号、2023年、日本評論社）
大富亮『チェチェン紛争』（東洋書店、2006年）
栗原亨『新・廃棄の歩き方探訪編』（二見書房、2012年）
國友公司『ルポ路上生活』（KADOKAWA、2021年）
児玉晃一『2023年改定入管法解説』（現代人文社、2024年）
陳天璽『無国籍』（新潮社、2005年）
陳天璽『無国籍と複数国籍あなたは「ナニジン」ですか?』（光文社新書、2022年）
特定非営利活動法人難民支援協会編『支援者のための難民保護講座』（現代人文社、2006年）
中坂恵美子『難民問題と「連帯」EUのダブリン・システムと地域保護プログラム』（東信堂、2010年）
難民問題研究フォーラム編『難民と人権新世紀の視座』（現代人文社、2001年）
ハッサン・バイエフ著 天野隆司訳『誓いチェチェンの戦火を生きたひとりの医師の物語』（アスペクト、2004年）
ヒラリー・エヴァンス・キャメロン著 難民研究フォーラム訳「難民認定と記憶の限界 Refugee Status

Determinations and the Limits of Memory」International Journal law vol.22.no.4, pp.469-511, 2010

ビルマ市民フォーラム『アリンヤウン特別号』（２００４年）

付月「旧ソ連・ジョージア出身の無国籍者の難民認定と退去強制－難民不認定処分取消、退去強制令書発付処分無効確認等請求控訴事件（東京高等裁判所２０２０年1月29日判決 判タ１４７９号28頁」（『国際人権』32号、２０２1年、信山社）

法務省入国管理局『難民認定事務取扱要領』２０１０年（全国難民弁護団連絡会議による情報公開手続での取得）

前田弘毅『グルジア現代史』（東洋書店、２００９年）

マギー・シャウアー フランク・ノイナー トマス・エルバート著 森茂起・森年恵訳『ナラティブ・エクスポージャー・セラピー第2版』（金剛出版、２０２３年）

無国籍研究会『日本における無国籍者―類型論的調査―』（ＵＮＨＣＲ駐日事務所、２０１７年）

Osamu Arakaki and Wawine Waworuntu Yamashita, Case Note: Tokyo High Court, Judgement, Heisei 30 Nen (Gyou-Ko), no 232 (29, January, 2020), in Statelessness & Citizenship Review, Vol. 2, No.2 (2020), pp.317-323.

イングランドの入管収容施設及び制度の現状と課題研究会「英国視察報告書」（２０１３年）（https://www.jlf.or.jp/assets/work/pdf/201312_eikokushisatsu_houkoku.pdf)

イギリスにおける入管収容施設・庇護申請者収容施設並びに入管収容・保釈制度の現状と難民認定制度に関する研究会「英国視察報告書（２）」（２０１５年）(https://www.jlf.or.jp/assets/work/pdf/201503_eikokushisatsu_houkoku2.pdf)

朝日新聞「流浪27年 日本で踏み出す一歩」（２０２０年6月24日夕刊）

共同通信 国際連載「流転を生きる（40）ジョージア、日本「越境は止められない」27年間に13カ国をさまよう 日本で難民と認定」（２０２３年4月6日）
（https://www.47news.jp/9152287.html）／（東京新聞２０２２年10月25日夕刊掲載記事と同一）

東京地方裁判所平成15年5月8日判決（平成10年〈行ウ〉）第２４１号、平成11年〈行ウ〉第22号）
最高裁判所大法廷昭和53年10月４日判決（最高裁判所民事判例集第32巻7号１２２３頁）
東京地方裁判所平成22年２月19日判決（判例タイムズ１３５６号１４６頁）
東京高等裁判所平成22年８月９日判決（平成22年〈行コ〉第97号）
東京地方裁判所平成30年７月20日（平成27年〈行ウ〉第３０２号）
東京高等裁判所令和２年１月29日判決（判例タイムズ１４７９号28頁）

公益財団法人アジア福祉教育財団 難民事業本部　https://www.rhq.gr.jp/
出入国在留管理庁 難民の認定等 各種公表資料 https://www.moj.go.jp/isa/refugee/resources/index.html
全国難民弁護団連絡会議　http://www.jlnr.jp/
認定ＮＰＯ法人難民支援協会　https://www.refugee.or.jp/

あとがき

本書が誕生するきっかけは、２０２２年10月25日に共同通信社の原真さんが書かれた「流転を生きる　難民認定　苦闘27年の末」という東京新聞に掲載された記事でした。原さんは、長年にわたり難民や無国籍の問題も報道してきたベテランの記者です。ルーベンさんの事件の裁判結果も踏まえ、ルーベンさんの人生は、国際連載「流転を生きる」のテーマにぴったりということで、取材依頼を受け、ルーベンさんもこれを了承し、記事にしてくださいました。興味のある方は是非ご一読ください。

そして、この記事を読んだ西田書店編集者の日高徳迪さんが、ルーベンさんの一連の体験と司法判断に関心を寄せて、わたしに連絡をくださいました。お会いして、直接、裁判経過などをお伝えすると「本にしませんか」と提案していただきました。想像もしていなかった突然の提案に戸惑いつつも、ルーベンさんの生きてきた人生と難民裁判を心に留めてくれたことに希望を感じ、早速、ルーベンさんに依頼の経緯を説明し、相談しました。ルーベンさんは自分で書くことはできないけれど、わたしが書くのであればいいよと快く承諾してくれました。一緒に訴訟を担当してきた弁護士の鈴木雅子さんにも相談しました。鈴木さんは、執筆するのは大変だろうけれど、きっとルーベンさんにとっても良いことなのではないかと背中を押してくださいました。そこで、わたしは、普段の業務とはかなり趣向が異なる、当事者の体験を一冊の本にまとめるという本書執筆に挑戦することにしました。

ですが、そのためには何から始めたらよいのだろうと悩みました。というのも、わたしが普段、弁護士として業務上書いている文章は、裁判や調停などの手続で、当事者の権利利益を実現するために必要な事柄を書く、いわゆる法律関係の内容です。司法関係者に向けた作法と表現方法では、つまらないものになってしまうだろうと思いました。できることなら、ルーベンさんが体験してきたことを多くの人に知ってもらいたい、という気持ちもありました。そこで、可能な限り、ルーベンさんが訪れたゆかりのある場所やその土地に、わたしも実際に足を運んで、その景色や空気を味わうところから始めようと思いました。そうすれば、ルーベンさんの感覚に少しでも近づくことができて、当事者としての体験を、臨場感をもって表現することができるのではないかと思ったのです。

そう思って、まず訪問先として浮かんだのは「新潟ロシア村」でした。ルーベンさんの当初の目的地であったので、園内に入ることはできなくても、近くまで行ってどんなところにあるのか見てみたいという素朴な好奇心もありました。その所在地を調べてみると、何度も訪れたことのある祖母の実家からそう遠くない場所にあることを知り、驚きました。事務所だけでなく、ルーベンさんが日本で最初に訪れた場所も近かったんだと、ルーベンさんの足跡を身近に感じずにはいられませんでした。その頃、偶然、家族と一緒に新潟の親戚を訪問する機会があったので、その機をとらえて、新潟ロシア村のゲート近くまで足を運びました。その時、この地まで遥々海を渡り、地図と自分の脚と勘を頼りに辿り着いたルーベンさんのことを想像し、ここに至るまでの幾多の絶望と生きるための行動力に、言葉にはならない複雑な思いが駆け巡りました。

次に、東京駅から東京出入国在留管理局、そして公益財団法人アジア福祉財団・難民事業本部の事務所までの道のりも歩いてみました。東京入管には何度も訪れたことはありますが、徒歩で向かったことはありません。目的地を知っていて、スマホでグーグルマップを見ながらでも、歩いて向かうことは簡単ではないと実感しました。当時、スマホもなく、様々な人と出会い、道を尋ね、時に助けてもらいながら歩き続けて東京入管に辿り着き、その後に難民申請書を受け取って難民申請したルーベンさんのことを想像すると、言葉にならない思いがたくさん溢れてきました。

これまで裁判のために、ルーベンさんにはお話を伺い、その体験を陳述書という形にして記録してきましたが、その内容だけでは、読者に伝える内容としては不十分だろうと思い、執筆にあたって、改めてルーベンさんにインタビューする必要もありました。その一方で、葛藤もありました。ルーベンさんが体験したことをわたしに教えてくれたのは、裁判を通じて、ルーベンさんの望む難民認定を得て、安心安全な場所で生活できるようにその法的地位を獲得する目的があったからです。そのためには、これまでの過去の辛い体験も含めて教えてもらう必要がありました。ですが、その目的を達成した今、あまり思い出したくないと思う記憶に触れることは、ルーベンさんにとって果たしてプラスになるのだろうか？　かえって、嫌な思いをさせるのではないだろうか？　という懸念もありました。

そんな中、これまで仕事でお世話になっている公認心理師でプロカウンセラーの池内秀行さんに、この本の執筆企画とわたしの懸念を相談すると、インタビューの参考にと、ナラティブ・エクスポージャー・セラピー（Narrative Exposure Therapy : NET）の本を勧められました。

ＮＥＴは、難民を対象に考案されたセラピーで、訓練を受けたカウンセラーやセラピストが当事者の人生史の語りを記録し、読み聞かせるという手法です。

わたしは訓練されたカウンセラーではないし、インタビューもセラピーが目的ではありませんが、池内さんからは、過去の嫌な体験を思い出す可能性があるなら、参考になるインタビューの進め方や話の聞き方などがあるかもしれないと説明を受けました。また、既にわたしとルーベンさんとの間に弁護士と依頼者として培われている信頼関係があるので、ルーベンさんの心情的体験を共感的に丁寧に確認して、書籍にまとめるプロセスそのものが、結果としてルーベンさんにとって意味のあるものになりえると励ましていただきました。そこで、基本的な心構えやインタビューの進め方などのアドバイスもいただきながら、これまでの記録をベースに、インタビューを進めていきました。ルーベンさんからは今まで知らなかったエピソードもたくさん教えてもらいました。その内容を日本語でまとめ、英語に翻訳し、読み聞かせをして確認してもらう方法で執筆していきました。

この方法で進めていく中で、改めてわかったことがあります。弁護士として訴訟活動のために当事者からヒアリングをする目的は、依頼者の望む法律関係の立証命題に必要となる関連事実を確認することです。そのため、当事者の心に刻まれている他者にわかってもらいたい体験であっても、法的に吟味して、主張立証に必ずしも直結しないと判断した場合、その体験や出来事は、主張書面や陳述書の構成に取り入れず、見過ごしてしまうことがあります。しかし、当事者の心情的な体験とその感じ方や大切にしている価値観、当事者を支えていた日常の活動や人間関係など、法律上の要件には直接関係しない出来事も含めて全体を眺めてみると、当事者や事件の理解に繋がっていくことを、今回、改めて体得することができました。

なお、推敲の段階で、ルーベンさんも日頃から大切にしている関係者のプライバシーの関係で、本書への収録は控えたいという内容もありましたので、ルーベンさんから教えてもらったことを全て記しているわけではないことをお断りしておきたいと思います。

ルーベンさんが難民認定された2020年2月26日の後、世界はコロナ禍に突入しました。難民認定を受けたことで、ルーベンさんは、日本社会のセーフティーネットの中で生活と健康が守られることになりました。本書にも記している通り、当時のルーベンさんの健康状態を思うと、もしも、難民認定が遅れていれば、命を落としていたかもしれない。そんなことも想像すると、控訴審判決は、ルーベンさんに居場所を確保するだけでなく、文字通り、命も救う判決でもあったと思います。

その後、日本の難民認定実務は、世界中で生じた政変や紛争も引き金になり、この5年間で激動してきました。日本政府は、ミャンマー、アフガニスタン、スーダンでの本国情勢を踏まえて緊急避難措置を導入。これらの出身国の人々に対する在留許可に一定の配慮を見せました。ロシアのウクライナ侵攻の直後には、閣議決定のもと、ウクライナ〝避難民〟の受入れを実施。この政治的決定は、難民申請者に対するこれまでの応対と比べると、特別扱いと言われても仕方がない優遇措置でした。

2022年には、初めて難民認定数が3ケタを突破。2023年には難民申請者数が1万3823人に達し、難民認定数も過去最高の303人となりました。国会では改定入管法が激しく議論され、2023年に成立。補完的保護対象者認定制度が導入される一方で、送還停止効の一部解除など難民に厳しい新たな制度も導入されました。

司法判断に目を移すと、ルーベンさんの東京高裁判決以降、２０２５年２月現在まで東京、名古屋、大阪等の地方裁判所・高等裁判所で国の難民不認定処分等を取り消す司法判断が13件確認されています。ルーベンさんの東京高裁判決に見られる先進的価値は、歴史的な文脈に基づき出身国情報を理解したうえで、移動を繰り返してきた当事者の体験にトラウマ体験の影響があることを踏まえて人道的に理解し、それを難民保護の枠組みへ落とし込んだところにあるのではないかと思っています。この判断は、本書でも言及した難民審査参与員の審尋における「庇護を求めていながら、途中でそれをいい加減に放って別の国に行く」という発言に代表されるような、当事者に対する不信な見方、難民該当性の判断とは対極的なものと言えるでしょう。

それでも、難民認定率がわずかに上がったとはいえ、全体としてみれば微々たるものです。依然として厳しい難民認定のあり方が行政・司法双方に見られます。また、難民認定を受けた後、ルーベンさんも望んでいる日本国籍の取得は、難民にとってとりわけ高い壁です。最近では、アフリカ出身の難民認定を受けた男性が2回帰化申請を行いましたが2回とも不許可となり、訴訟で不許可処分を争っています（詳細は認定ＮＰＯ法人ＣＡＬＬ４・難民帰化訴訟～真に社会の一員へ～を参照）。

帰化申請の手続は、法務大臣の裁量が大きく、基準が不透明で不許可の理由さえ示されていないのが現状です。訴訟を通じて、当事者の日本語能力が判断の上で問題とされていることが徐々にわかってきましたが、その一方で、難民に対して行われている公的な日本語教育が、帰化許可を受けるには全く不十分であることも明らかとなってきました。こうした基準があるにもかかわらず、それが示されず、さらに基準をクリアするために必要な公的な教育を受けられないことは不当であり、早急に是正される必要があります。

最後に、事実として、本書は控訴審判決が確定しなければ生まれることはありませんでした。この判決を得るまでに携わってきた人たちそれぞれの思いと労力が、本書の礎になっていることは疑いがありません。無国籍者への相談窓口を設け、ルーベンさんにも相談の機会を提供されたＮＰＯ法人無国籍ネットワークのスタッフ・ボランティアの皆様、長くルーベンさんの生活、医療、法的手続全般を支援されてきた認定ＮＰＯ法人難民支援協会（ＪＡＲ）のスタッフ・インターン（元スタッフ・インターンも含む）の皆様、シェルターを提供してくださった公益財団法人ＪＬＡのスタッフの皆様には心からの労いと敬意を表します。弁護士による法的支援に繋ぎ、日々の細やかな生活支援を積み重ね、瀬戸際のルーベンさんの生活と健康を守ってくださったことが、訴訟活動を維持継続する基盤となりました。

そして、同じ事務所の先輩弁護士の鈴木雅子さんには、一審から、当事者との面談、主張書面の作成、関係者や関係機関への働きかけなど共に考え、原則論からの主張を崩さず決してあきらめない姿勢で協働してくださいました。本当にありがとうございました。

控訴審からルーベン弁護団に加わってくださった弁護士の加藤桂子さん、古池秀さん、酒井昌弘さんには、訴訟の進行にあわせて議論を重ね、ルーベンさんの各国放浪の歴史をそれぞれ聞き取り、控訴審の核となるルーベンさんの陳述書作成にご貢献いただきました。この陳述書が本書の礎にもなっています。心からお礼申し上げます。

そして、弁護士としての道標となる仕事を今も積み重ねてくださっているいずみ橋法律事務所の先輩弁護士の渡邉彰悟さん、これまで一緒に切磋琢磨しながら仕事をし、常に励ましてくれる同僚で先輩弁護士の本田麻奈弥さん、わたしたちの弁護活動を日常的に支えてくれている事務局スタッフの三村明恵さん、深沢香織さん、有元真奈美さん、難民弁護に欠かすことができない情報収集・分析をしてくださる全国難民弁護団連絡会議の事務局スタッフの杉本大輔さんにも心からの感謝を申し上げます。皆さんの存在とお仕事のおかげで、訴訟を乗り切ることができました。

無国籍研究会でご一緒している研究者の新垣修さん、付月さん、先輩弁護士の関聡介さん、小豆澤史絵さん、控訴審で通訳を務めてくださった山下ワウィネさん、出身国情報や無国籍関連情報を提供していただいたUNHCR駐日事務所の金児真依さんにも心からお礼申し上げます。皆さんと重ねた研究会での取り組みを通じて、悩み考え思考してきた営みが、本件の訴訟活動に織り込まれたと思います。

皆さんの協力・協働に心からの感謝の気持ちでいっぱいです。

また、本書の執筆にあたっては、ＪＡＲには、ご本人の承諾を得て、これまでの支援の経過や内容を共有していただきました。本書には記述していない多くのスタッフの方々の存在と協力があったこともここで敬意を込めてお伝えしておきます。

先輩弁護士の関聡介さん、鈴木雅子さんにはすべての原稿に目を通していただき、貴重な助言やフィードバックをいただきました。とりわけ、関さんには多角的な視点から的確なご指摘をたくさん頂き、そのおかげで精度を上げることができました。深く感謝申し上げます。

前述した通り、当事者の心情にも寄り添った書き方を心がけたいと思い、公認心理師でプロカウンセラーの池内秀行さんには、わたしとルーベンさんとのやり取りから執筆活動に至るまで、本書制作のプロセス全般をサポートしていただきました。原稿、校正刷を確認いただき、心理臨床とトラウマ臨床の専門的知見と法律実務への理解と経験を踏まえ、当事者の心情に配慮すべく、細部にわたり具体的な表現も提案いただきました。惜しみのないご貢献と最後まで書き上げるよう背中を押してくださり、本当にありがとうございました。

共同通信社の原真さんには、執筆記事を通して、本書を生み出すきっかけを作って頂きました。新聞報道にはこのような〝奇跡〟を生み出す力があることを教えていただきました。心から感謝申し上げます。

編集者の日高徳迪さんには、本書を世に出す機会を与えていただきました。３章で執筆したルーベンさんの欧州放浪の記述について、ルーベンさんを一人称として「私」と表現するようアドバイスをしてくださったのは、日高さんでした。表現を変えたことで、ルーベンさんの体験がより伝わる内容になったのではないかと思います。そして、何度も立ち止まる遅筆なわたしを忍耐強く見守り、励まして、最後までお付き合いしてくださったこと、心から感謝申し上げます。

両親と姉には、新潟への関係現場の視察に同行してもらい、本書の執筆を応援してもらいました。わたしの仕事と活動に理解を示し、協力してくれてありがとう。

紙幅の関係で、ルーベンさんへの直接・間接の支援をしてくださった方々、今も支援を続けてくださっている方々、本書制作に関わってくださったすべての方々のお名前を挙げることができませんが、様々な形で気にかけ、支え、協力してくださった方々に心から敬意を表します。やむにやまれず故郷を追われた難民、無国籍者の方、制度の狭間で困難な状況に置かれている方、そしてこうした人たちの支援に携わるすべての方に心からの敬意を表し、一歩でも、難民、無国籍者の方の人権保障が前に進むことを願います。

本書が一人でも多くの方に届き、ルーベンさんの想いが伝わること、本書の主役であるルーベンさん自身が人権を尊重される関係の中で、望む人生が実現していくことを心から願っています。

そして、最後は、ルーベンさんから皆様に伝えてほしいと頼まれた言葉で締めくくりたいと思います。

「本書の制作に関わり、協力してくれた全ての方、難民ビザを得るまでに関わって、協力してくれたすべての方々にお礼を言いたいです。ありがとう」

2025年2月

小田川　綾音

著者略歴

小田川綾音　Ayane Odagawa

弁護士。1981年生まれ。神奈川県出身。早稲田大学法学部卒、神奈川大学法科大学院修了。弁護士として、民事・家事全般、企業法務、在留資格・帰化など入管・国籍関連の法務に幅広く対応するほか、難民や無国籍者の支援に携わっている。現在、日本弁護士連合会人権擁護委員会 難民国籍特別部会 副部会長。主な共編著に無国籍研究会『日本における無国籍者－類型論的調査－』（UNHCR駐日事務所、2017年）、国籍問題研究会『二重国籍と日本』（ちくま新書、2019年）。第一東京弁護士会、いずみ橋法律事務所所属　https://izumibashilaw.com/

ルーベンです、
私はどこで生きればよいのでしょうか？
―無国籍で12ヵ国を彷徨い、未来を求めた難民の記録

2025年4月1日初版第1刷発行

著　者――――小田川綾音《おだがわあやね》

発行者――――柴田光陽

装　丁――――臼井新太郎

発行所――――株式会社西田書店
〒101－0051　東京都千代田区神田神保町2－10－31 IWビル4F
Tel 03-3261-4509　Fax 03-3262-4643
https://nishida-shoten.co.jp

印刷・製本　株式会社エス・アイ・ピー

ISBN978-4-88866-703-6　C0036